Biesinger

Warum kommen wir auf die Welt, wenn wir doch wieder sterben müssen?

Albert Biesinger

Warum kommen wir auf die Welt, wenn wir doch wieder sterben müssen?

Überraschende Antworten, die uns das Leben gibt

Patmos Verlag

VERLAGSGRUPPE PATMOS

PATMOS
ESCHBACH
GRÜNEWALD
THORBECKE
SCHWABEN
VER SACRUM

Die Verlagsgruppe
mit Sinn für das Leben

MIX
Papier | Fördert gute Waldnutzung
FSC® C014496

Die Verlagsgruppe Patmos ist sich ihrer Verantwortung gegenüber unserer Umwelt bewusst. Wir folgen dem Prinzip der Nachhaltigkeit und streben den Einklang von wirtschaftlicher Entwicklung, sozialer Sicherheit und Erhaltung unserer natürlichen Lebensgrundlagen an. Näheres zur Nachhaltigkeitsstrategie der Verlagsgruppe Patmos auf unserer Website www.verlagsgruppe-patmos.de/nachhaltig-gut-leben

4. Auflage 2024

Verlagsgruppe Patmos in der Schwabenverlag AG, Ostfildern
www.verlagsgruppe-patmos.de

Umschlaggestaltung: Finken & Bumiller
Umschlagabbildung: © Plateresca / shutterstock.com
Satz: Schwabenverlag AG, Ostfildern
Druck: GGP Media GmbH, Pößneck
Hergestellt in Deutschland
ISBN 978-3-8436-1468-9

Inhalt

Stimmen der nächsten Generationen

Vorwort

»Du, Papa, warum kommen wir überhaupt auf die Welt, wenn wir doch wieder sterben müssen?«

Kurz nach dem Tod meines Vaters fragte mich so unser damals 13-jähriger Benjamin unvermittelt beim Abendessen. Er hat mir damit die Preisfrage meines Lebens gestellt.

Ich frage bis heute.

Sind sie auf die Welt gekommen …
… die 18-Jährige – um ihre an Überlebensschläuchen hängende krebskranke Freundin auf der Intensivstation zu besuchen, ohne bereit zu sein, vorher in die längst gebuchten Ferien abzufliegen? Sie lässt sich auf der Station nicht abwimmeln, nähert sich zaghaft dem Krankenbett …
… die Intensiv-Pflegekraft – um die beiden Freundinnen rücksichtsvoll allein zu lassen? Beide wissen nicht, ob sie sich auf dieser Erde zum letzten Mal sehen …
… der erwachsene Enkel – um Silvester mit den gebrechlich gewordenen Großeltern zu feiern? Er nimmt die Zerstreutheit und die Fantasien der Oma an, die früher doch eine so starke Frau war …
… die jungen Eltern – weil sie ihrem sechs Wochen alten Kind kurz vor seinem Tod im Klinikgarten noch einmal die Erde und den Himmel zeigen sollen? Das Kind ist auf der Intensivstation des Klinikums an medizinische

Geräte angeschlossen. Sie erzählen ihrem Kind von ihrem Leben; wie sie zu Hause schon vor der Geburt sein Zimmer eingerichtet haben; dass auch Oma und Opa schon lange gewartet haben. Sie sprechen vom »Himmel« und von dem, was sie dort für ihr Kind erhoffen …

… die Hebamme – um die tot geborene Johanna im weißen Kleid der Mutter in die Arme zu legen und den Vater anzurufen, er solle mit ihren beiden älteren Brüdern in die Klinik kommen? In ruhiger Atmosphäre nehmen die beiden vier- und sechsjährigen Jungen ihre tote Schwester auf den Arm, streicheln ihr über den Kopf und machen ihr ein Kreuzzeichen auf die Stirn …

… Tausende Jugendliche – um beim ökumenischen Kirchentag in Berlin im Tempodrom und auf den umliegenden Straßen sitzend Psalmen und Gesänge aus Taizé zu singen? Langes Schweigen und biblische Texte …

… betende Menschen – um vor dem Einschlafen ihr Leben Gott anzuvertrauen, so wie es an diesem Tag einfach mal war?

… meditierende Menschen – um sich, auf ihrem Hocker sitzend, schweigend und wunschlos der Gegenwart Gottes zu stellen?

… die Mönche auf dem Berg Athos in Griechenland – um bereits kurz nach Mitternacht für die Menschheit das große »Kyrie eleison« zu singen, sensibel, leise und auch aufschreiend zu Gott am Beginn des neuen Tages?

… die Pflegekraft im Altenheim – um aufzubegehren, weil die dort lebenden Menschen an Ostern zum Nachmittagskaffee nur noch Schwarzbrot statt Kuchen bekommen, weil man dafür kein Geld mehr hat? Sie kämpft dagegen an, dass den alten Menschen in der Mittagspause einfach eine Windel umgelegt wird, weil man ja in dieser Zeit von Pflegekräftemangel und Überlastung keine Zeit mehr habe, mit ihnen auf die Toilette zu gehen …

… die Pflegefamilie – um ein behindertes Kind aufzunehmen und es bis ins Erwachsenenalter durch alle Höhen und Tiefen zu begleiten?

… die junge Referendarin – um morgens auf dem Weg zur Schule ihre Schüler:innen Gott anzuvertrauen, dass Er selbst in ihnen wirke im Abenteuer ihres Lebens?

… die Katholik:innen – um angesichts der Untiefen der kirchlichen Situation zwischen der aktuellen Kirche und dem Reich Gottes kritisch zu unterscheiden und sich nicht abwimmeln zu lassen von dem »Sumpf«, den es in der Kirche eben auch gibt?

… Cristy Orzechowski und Berna Schulte – um mit ihren Gemeinden am Titicacasee in Peru eine biblisch orientierte, basisnahe Kirche erlebbar zu machen und großes Leid, Tod und Terror zu verhindern?

… die Menschen – um nach friedlichen Lösungen komplizierter Konfliktsituationen zu suchen und nicht vorschnell aufzugeben?

Antworten auf die Preisfrage gibt es nicht aus dem Lehrbuch.

Eine Antwort auf diese Frage stimmt auf jeden Fall:
Ich bin auf die Welt gekommen, um zu *sein*.

Ich bin gesetzt, mein Sein habe ich nicht aus mir selbst. Ich bin ohne eigenes Zutun Mensch geworden – gezeugt von Anton und Martha Biesinger, meinen Eltern. Ihnen verdanke ich, dass ich bin, und noch viel mehr.

Dies ist mehr als richtig, greift aber dennoch zu kurz. Da fängt es erst richtig an.

Mein Leben vollzieht sich in Raum und Zeit, in Konsequenzen, Erlebnissen, Begegnungen, Irritationen, Zweifeln, Leid und Freude. Der Preisfrage meines Lebens werde ich also nicht nur theoretisch nachgehen können. Ich muss sie vielmehr biografisch konkret über mein inzwischen langes Leben hinweg (weiter) reflektieren.

In der Raum-Zeit meines Lebens haben sich Situationen ereignet, die mich mehr als nachdenklich machten und mir dennoch die Frage nur teilweise beantworten konnten. Und je mehr ich in mich hineingefragt habe, desto mehr haben sich neue und überraschende Horizonte eröffnet.

Dieses Buch ist also biografiegefärbt mit allen Vor- und Nachteilen. Mit dem Nachteil, dass ich mich auch in den Fokus der Aufmerksamkeit stelle und Sie als Leser:innen denken könnten: Mag ja bei dem so sein, bei mir ist alles anders. Doch genau darum geht es: Lassen Sie beim Lesen auch Ihr eigenes Buch entstehen, Ihr eigenes »Kopfkino«.

Entdecken Sie, wie Sie für sich selbst diese große Preisfrage des Lebens beantworten können und wollen: *Ihre* Situationen, Menschen, Konflikte, Entscheidungen, Liebe und Grenzen ...

Zwischendurch habe ich gedacht, dass in diesem Buch immer wieder mal eine unbedruckte Seite enthalten sein sollte, in die Sie Ihre eigenen Stichworte zu den Stationen und Themen, die sich Ihnen beim Lesen aufgetan haben, hineinschreiben könnten. In Zeiten der Digitalisierung ist dies für manche von vorgestern. Sie werden schon Ihren passenden Weg finden, um Ihre ureigenen Gedanken festzuhalten und dadurch Ihr eigenes »Buch« – wie lang oder kurz auch immer – zu denken und zu schreiben oder auch nicht.

Es geht weder bei mir noch bei Ihnen um Selbstdarstellung oder Wichtigtuerei, sondern um eine spirituelle Reflexion. Auch für mich selbst ist vieles überraschend so gekommen, wie es gekommen ist, sodass ich die Preisfrage immer wieder stellen und beantworten musste. Vielleicht wird dieses Buch gerade dadurch für Sie interessant, dass es persönliche Erfahrungen kommuniziert und zweifelnd-selbstkritisch reflektiert.

Warum überhaupt so viel fragen?
Eigentlich ist es doch ganz einfach:
Ich sterbe, weil ich geboren wurde.
Ob ich geboren werden will, hat mich niemand gefragt.
Ob ich sterben will, fragt mich auch keiner.
Ich habe da also nichts zu melden ...

Aber so einfach ist es dann auch wieder nicht. Zwischen Geborenwerden und Sterben hat sich immerhin einiges getan in meinem Leben ...

Ist es vermessen, auf die Frage nach dem Sinn unseres Daseins eine Antwort finden zu wollen von Erfahrungen, Erlebnissen, Begegnungen, Aufgaben und Solidaritätsaktionen her? Aber wie denn sonst? Zu früh mit den großen Fragen des Lebens aufzuhören, ist unlogisch. Immerhin habe ich Möglichkeiten, mich nah an die Grenzen des Denkens und Verstehens heranzutasten. Mal sehen, wie weit ich komme. Mal sehen auch, wie sich meine Gedanken entwickeln, wenn ich nicht aufhöre, immer weiterzufragen – vielleicht auch, um nicht nur mein eigenes Leben besser zu verstehen.

Ihr
Albert Biesinger

Warum bin ich auf die Welt gekommen, obwohl ich doch wieder sterben muss?

Bin ich auf die Welt gekommen, obwohl ich doch wieder sterben muss …

… um Gott entgegenzuzweifeln?

Ein Jugendlicher in meiner Umgebung wollte mich in seiner Pubertätsphase damit schockieren, dass er nicht mehr an Gott glaubt. Ich habe ihm geantwortet: »Dann beweise mir mal, dass es Gott *nicht* gibt. Wir können ja die nächsten Tage weiter darüber sprechen.« Schritt für Schritt zeichnete sich dann ab, dass er nicht beweisen konnte, dass es Gott nicht gibt. Allerdings hat er auch mir vorgehalten, dass ich ja auch nicht beweisen könne, dass es Gott gibt. Wie recht er hat!

Fazit: Es steht 50:50. Auf der empirischen Beweisebene ist es nicht zu machen. Ein Gott, der sich beweisen ließe, wäre ja nur ein Produkt meiner menschlichen Argumentationskraft im engen Rahmen meiner Gehirnkapazitäten. An einem solchen Gott bin ich nicht interessiert. Gott ist mehr als etwas Beweisbares, mehr als eine Projektion oder eine Vorstellung meiner eigenen begrenzten Denkmöglichkeiten.

Immer wieder habe ich gezweifelt, ob Gott, so wie ich ihn mir vorstelle, überhaupt ist. Und immer wieder bin ich zum Ergebnis gekommen, dass ich mir zu fixe Bilder von Gott mache, die überhaupt nicht mit der Realität übereinstimmen.

Hört Gott mir überhaupt zu, wenn ich zu ihm bete?

Auf dem Rückflug von Chile, wo ich bei einem Kongress zur Erstkommunionkatechese Vorträge gehalten hatte, gab es eine Zwischenlandung im argentinischen Buenos Aires. Beim Start in den Nachtflug schraubte sich die große, vollbeladene Maschine langsam in den Nachthimmel und gab mir den Blick auf das weite Lichtermeer dieser Mega-City frei. Spontan kam mir der Gedanke: Wenn Gott alle Abendgebete dieser Millionen Menschen da unten und auch mein eigenes hören, verstehen und vor allem darauf reagieren soll, wie soll das denn überhaupt gehen? Natürlich denke ich nicht an »große Ohren«, die Gott haben müsste. Es ist ein geistiger Kommunikationsprozess, dass ER bei allen Geschöpfen dieser Erde und des Universums »in Rufweite« ist. Deswegen kann er unsere Gebete »hören«. Dass er die Bitten in diesen Gebeten nicht immer erfüllt, weiß ich schon lange – intensiver noch, seit meine Oma trotz meiner langen Gebete damals nicht wieder aus dem Sarg herauskam und mit uns am Tisch aß.

Es treibt mich bis heute um, wie ich mit Gott in Kontakt sein kann. Wie ich »spüre«, dass ER ist, möglicherweise sogar in mir wohnt, und dass ich mich aus dieser Grunderfahrung heraus geborgen und beschützt wissen kann und vor allem auch angesichts der Zerstörung im Tod diese innere Verbindung mit IHM nicht verliere.

»Zweifel an Gott« ist ein Buch, das ich gemeinsam mit dem langjährigen Direktor der Tübinger Klinik für Kinder- und Jugendpsychiatrie Gunther Klosinski geschrieben habe.[1] Es ist ein intensiver und kreativer Dialog zwischen einem naturwissenschaftlich, aber auch geisteswissenschaftlich kompetent denkenden Mediziner und Kinderpsychotherapeuten einerseits und mir, einem Theologen, der schon sein Leben lang an den Gottesvorstellungen und Gottesbeziehungen von Menschen auch in der Forschung interessiert ist, andererseits. Leider ist das Buch vergriffen. Vieles daraus ist ein Versuch, auf die Preisfrage des Lebens zu antworten. Deswegen mache ich hier ausgewählte Passagen, teilweise in leicht bearbeiteter Form, wieder zugänglich.[2]

> Ein Kommunionkind formuliert es herzzerreißend: »Jetzt habe ich schon lange jeden Abend ganz fest zu Gott gebetet, dass er meine Mama wieder gesund macht. Und jetzt ist meine Mama doch an Brustkrebs gestorben.«

> Oder: Ich stehe am offenen Grab, beerdige ein tot geborenes Kind und kämpfe mit meinen Tränen. Gott hat nicht eingegriffen. Konnte er nicht eingreifen? Sind solche Situationen »Selbstläufer«, bei denen Gott draußen ist? Bin ich auf die Welt gekommen, um zu lernen, dass wir nicht alles Gott in die Schuhe schieben dürfen?
> Dass wir Menschen sterben müssen, dass es Krankheiten und Schicksale gibt, die menschlich nicht beeinflussbar sind, liegt auf der Hand. Aber wir Menschen bringen uns nicht selten durch unsere eigenen technischen Möglichkeiten um.

Ich stehe vor einem Denkmal am Odilienberg in der Nähe von Straßburg. An diesem Ort – es ist jetzt eine Lichtung in einem dichten Wald – sind 87 von 96 Menschen bei einem Flugzeugabsturz am 20. Januar 1992 zu Tode gekommen. Ihre Namen sind in einer großen Tafel eingraviert. Drei Stelen aus Stein sind ein eindrucksvolles Mahnmal: Gedenkt dieser Menschen. Bedenkt aber auch, was ihr tut, wenn ihr euch auf Flüge und Autofahrten begebt.
Natürlich kann man sagen, diese Menschen wären eben sonst auf andere Weise zu Tode gekommen. Aber dies allein ist schon ein pietätsloser Gedanke. Familien haben auf diese Menschen an diesem Abend gewartet, Verwandte und Freunde. Mit ihnen hätten sie möglicherweise noch Jahre, viele Erlebnisse und vor allem auch viele Verheißungen realisieren können, wenn dieses Flugzeug – aus welchen Gründen auch immer – nicht abgestürzt wäre.
Die abrasierten Bäume auf dieser Lichtung sind ein bleibendes Mahnmal. Es wurden keine Bäume nachgepflanzt.

Und du, Gott, hast es nicht verhindert.
Wie unfair von mir, dass ich dir das auch noch in die Schuhe schiebe …

Wobei doch die Menschen, die diesen Flug organisiert und gelenkt haben oder die nicht funktionierenden Systeme, aber auch die Flugpassagiere, die sich auf dieses Risiko einließen, es selbst mitzuverantworten haben.

Du bist auf jeden Fall nicht schuld. Es sei denn, du wärest allmächtig in dem Sinne, dass du immer dann, wenn Menschen zu Tode kommen, direkt eingreifst.
Aber dann müsstest du auch die Blitze verhindern, die Menschen erschlagen. Dann müsstest du den Tsunami verhindern, der trotz aller Vorsichtsmaßnahmen immer noch Tausende Menschen auf einen Schlag tötet. Und du müsstest vor allem die auch heute wieder abgeworfenen Bomben verhindern. Du müsstest eigentlich alles Unheil und jeden Tod verhindern.
Ich bezweifle deine »Allmacht«, zumindest so, wie wir sie am liebsten verstehen wollen.

*

Europa übersät von Konzentrationslagern. In unter die Haut gehenden Dokumentationen sehe ich heute in der Konzentrationslager-Gedenkstätte Struthof bei Straßburg Ungeheures. Ich komme an die Grenze, wo mir übel wird: die Barbarei – jenseits meiner Vorstellungskraft und Fantasien. Brutale Massenmörder, die sich als Herrenmenschen vorkommen – als »Menschen«!?

Und du, Gott, hast diese Menschen, uns, alle Menschen so erschaffen, dass sie diese Potenz zum Bösen, zur brutalen Barbarei in sich tragen.

Dies ist in meiner Heimat geschehen, noch keine 100 Jahre her. Ich bin drei Jahre danach geboren. Auch mich hätte es treffen können.
Meine Großmutter Josefine Biesinger hatte bereits einen Einlieferungsschein in das Konzentrationslager Dachau, weil sie beim Einkaufen einmal wütend laut geschrien hat: »Wenn nur mal der Nationalsozialismus verrecken täte.« Sofort wurde sie in Rottenburg am Neckar beim Ortsgruppenleiter angezeigt. Er füllte den Einlieferungsschein nach Dachau gleich aus. Am Abend kam mein Großvater Engelbert Biesinger, den ich nicht mehr kennenlernen konnte, weil er aus Rache noch als alter Mann in den Krieg geschickt wurde. Er verhandelte mit dem Ortsgruppenleiter: »Immer, wenn sie ihre Periode hat, spinnt sie.« So ähnlich – auf der Machoebene – hat er verhandelt, mein Vater Anton Biesinger hat mir davon erzählt. Meinen Großvater haben sie dann nach Frankreich geschickt, um in der letzten Kriegsphase Schützengräben auszuheben. Er wurde von den Franzosen gefangen genommen und ist in Besançon verhungert.
Die Tante und der Onkel meiner Frau wurden mit ihrem noch kleinen Kind im Konzentrationslager Majdanek zu Tode gebracht. Wir haben über ihre

schreckliche letzte Wegstrecke schlimmste Informationen. Am Ende lapidar ihr Totenschein.

Wo warst du Gott, Schöpfer der Welt, Schöpfer aller Menschen, also auch dieser bestialischen Mörder:innen? Konntest du die Menschen, uns, alle Menschen, nicht so erschaffen, dass wir von vornherein gar nicht fähig sind, solche Brutalitäten zu begehen?

Mein großer Zweifel ist:
Warum, warum, warum hast du die Menschheit so geschaffen, dass Menschen füreinander des Menschen Wolf werden? Und wenn sie es nicht geworden sind, es grundsätzlich werden könnten?
Noch weiß ich nicht, ob ich dich eines Tages direkt fragen kann und ob du mir darauf eine Antwort gibst. Natürlich kenne ich unsere selbstgemachten theologischen und philosophischen Antworten: Du hast den Menschen als Wesen der Freiheit geschaffen – so hat es Karl Rahner immer wieder kompetent formuliert. Aber was soll denn eine Freiheit, die zu solchen Desastern führen kann …? Dann pfeife ich auf eine solche Freiheit, wenn sie mir die Möglichkeiten gibt, andere Menschen herabzuwürdigen, andere Menschen zu quälen, andere Menschen zu töten.

*

Das »Milgram-Experiment« hat belegt, dass unbescholtene Menschen in speziellen Situationen und mit bestimmten Befehlen in der Lage sind, anderen Menschen im Laborversuch starke Stromstöße zu geben, auch wenn sie vor Schmerzen heftig schreien; und es hat belegt, dass die »Versuchspersonen« sogar töten würden.

Die Freiheit, die du uns gegeben hast – als Theologe frage ich dich und will es wissen: Warum und wozu hast du uns diese Freiheit gegeben? Immerhin habe ich mich der Wissenschaft der Lehre über dich, Gott, verschrieben. Und darum will ich das unbedingt von dir erfahren.
Und wenn du es mir nicht erklären willst und kannst ...? Ich ertappe mich in diesem meinem Zweifel, ja meinem Aufschrei gegen dich, Gott.
Ich rudere zurück!
Jetzt schiebe ich dir ja schon wieder alles selbstgemachte Leid, alle Barbarei der Menschheit in ihrer langen Geschichte in die Schuhe.

*

Wir Menschen sagen so oft: »Wie kann Gott das zulassen?«

In Winnenden habe ich auf dem Gelände der Albertville-Realschule nach dem dortigen Amoklauf die aufrüttelnden Plakate gesehen: *Wo warst du, Gott?*

Ich habe mit den um mich herum stehenden traumatisierten Schüler:innen von mir aus keine Antworten formuliert. Schweigen, Aushalten der Situation. Dennoch die Schüler:innen im Sprechen halten, damit sie nicht traumatisiert zum Eisblock erstarren, sich zurückziehen und gar nichts mehr sagen können.
Ein paar Tage später:

Wie kannst du, Gott, dich eigentlich fühlen, wenn du das Elend der Menschen anschaust, die du erschaffen hast? Wie geht es dir, wenn du das alles mitansehen musst?
Bereust du es manchmal, dass du uns Menschen erschaffen hast? Denkst du, dass du einen Fehler gemacht hast, uns so zu erschaffen?
Würdest du uns Menschen wieder so erschaffen – mit so viel Freiheit, Freiheit zum Glück, zum gelingenden Leben, Freiheit aber auch zur Barbarei, zur Hölle auf Erden?

Da geht mir die Paradies-Geschichte (Genesis / 1 Mose 3,1–24) von einer neuen Seite auf: Wenn der Mensch sich über das erhebt, was Gott will, dann zerstört er sich und seine Lebenswelt selbst. Die Geschichte der Vertreibung aus dem Paradies ist theologisch eine Symbolgeschichte; das heißt aber nicht, dass sie nicht wahr ist. Es geht darum, dass die in dieser Geschichte beschriebene Botschaft anders – sogar tiefgründiger – wahr ist, dass sie sich im Leben bereits bewährt hat und sich bewähren würde, wenn die Menschen sich daran halten würden.

Bin ich auf die Welt gekommen, obwohl ich doch wieder sterben muss ...

... um füreinander Engel zu sein?

Eine alte Mythologie erzählt, dass der »gefallene Engel« Luzifer sich gegen Gott gestellt habe und Gott dann solche Engel »verloren« gab. Diese sind als Gegenspieler zu den »Schutzengeln« gedacht. Schutzengel sind allerdings auch ohne diese Polarität denkbar.

Ich habe und hatte viele Engel am Wege. Ich selbst war auch schon Engel am Wege von Menschen. Wir bedürfen der Engel am Wege. Ich bin auch dankbar dafür, dass ich konkrete Engel nennen kann. Aber das würde denen nicht gefallen.[3]

Bin ich auf die Welt gekommen, obwohl ich doch wieder sterben muss …

… um meine Frau kennenzulernen

– die erste und einzige große Liebe meines Lebens –, um das große Ja zu ihr zu sagen und jetzt im Auf und Ab des Lebens fünfzig Jahre mit ihr verheiratet zu sein?

Wäre ich nicht in dieses Leben gekommen, dann wäre diese Liebe nicht entstanden und auch nicht diese Kinder und Enkelkinder …

Bin ich auf die Welt gekommen, obwohl ich doch wieder sterben muss …

… um unserer aus dem Koma aufwachenden Tochter leise Lieder des Vertrauens zu singen? … um so mit Gott zu sprechen?

Unsere damals 18-jährige Tochter lag mit einer schweren Erkrankung todesnah auf der Intensivstation. Die Oberärztin sagte uns: »Verabschieden Sie sich von Ihrer Tochter, sie lebt noch zwei Stunden …«

Aufgrund einer Pilzinfektion im Blut – ein Krankenhauskeim – musste sie unter einem Sauerstoffzelt rasch künstlich beatmet werden. Das Ärzteteam kämpfte um ihr Leben. Plötzlich saßen wir im Wartezimmer vor der Intensivstation. Unsere anderen Kinder waren inzwischen auch gekommen. Wir haben wenig miteinander gesprochen. Warten, warten, warten …

Ich habe dann direkt mit Gott gesprochen: *»Jetzt haben wir unsere Tochter so viele Jahre begleitet. Und jetzt soll sie sterben. Das wirst du nicht tun. Was hast du eigentlich davon, wenn sie jetzt stirbt? Bitte, bitte greife ein!«* Und ich habe GOTT direkt vor mir gespürt wie eine Energiewand …

Ich saß an jenem Sonntag bis in die Nacht hinein an ihrem Bett, bis sich die Sauerstoffsättigung im Blut wider Erwarten stabilisierte. Der erfahrene, sehr empathische Krankenpfleger schickte mich nach Hause mit dem Hinweis: »Sie werden ihre Kraft noch brauchen …« Nach drei bangen Tagen freuten wir uns, dass sie aus dem künstlichen Koma zurückgeholt werden konnte.

Ich saß neben ihr und habe ihr Lieder aus der Brüdergemeinschaft Taizé vorgesungen, als sie zum ersten Mal zaghaft ein Augenlid aufmachte.

Wie sie zum ersten Mal ein Auge aufmacht und wieder schließt und nach einiger Zeit beide Augen offen bleiben, werde ich nie vergessen ... Berührungen mit der Grenze, Berührung aber auch mit dem Heiligen, nämlich wieder ins Leben zurückzukommen, obwohl man bereits aufgegeben war. Ich war durchdrungen von grenzenloser Dankbarkeit.

Bin ich auf die Welt gekommen, obwohl ich doch wieder sterben muss ...

... um mit Menschen Leid zu teilen, selbst Leid zu erleben angesichts von Krankheit und Tod im persönlichen Umfeld?

Es gab Situationen in meinem Leben, in denen ich mit Tränen in den Augen unterwegs war, wo mich Schmerz, Wut und Verzweiflung regelrecht geschüttelt haben.

Beispielsweise, als ich an jenem Märztag 2009 als Notfallseelsorger nach dem Amoklauf in der Albertville-Realschule in Winnenden auf der Straße lange mit Schülern gesprochen habe, die sich am Vormittag im Klassenzimmer gerade noch auf den Boden hatten ducken können. Eine Mitschülerin auf dem Stuhl daneben wurde von einer Kugel getroffen. Ich musste stark sein und habe meinem Gehirn den Befehl gegeben, jetzt nicht zu weinen, sondern »professionell« als Notfallseelsorger beizustehen. Ich habe es durchgehalten, bis ich in der Nacht wieder zu Hause war – allein zu Hause, weil meine Frau gerade ihre kranken Eltern in Berlin besuchte. Gott sei Dank hatte einer unserer Söhne telefonisch mehrmals nach mir geforscht und mich nachts daheim angerufen, weil er im Radio mitbekommen hatte, dass ich in Winnenden im Einsatz war. Erst danach habe ich mich in den Schlaf geweint ...

Bin ich auf die Welt gekommen, obwohl ich doch wieder sterben muss ...

... um in jener Nacht der schwangeren Frau und ihrem Kind Engel am Wege zu sein?

Eine schwangere Frau will dringend heute Abend noch mit mir sprechen. Sie sitzt bis spät in die Nacht in unserem Wohnzimmer: Ihr Freund droht, sie zu verlassen, wenn sie das Kind nicht abtreibt. Für 8:00 Uhr am Morgen danach hat sie bereits einen Termin in einer Abtreibungspraxis fixiert. Es geht in dieser Nacht also um Stunden der Entscheidung. Sie fühlt sich verzweifelt und in der Sackgasse.

Ich eröffne ihr Bilder: »Irgendwann wird dieses Kind Sie anlächeln, es wird Mama zu Ihnen sagen. Es wird in die Kita gehen und es werden Freundinnen und Freunde zum Kindergeburtstag in ihre Wohnung kommen. Eines Tages wird es, mit dem Schulranzen bepackt, lesen und schreiben lernen. In neun Jahren wird es zur Erstkommunion gehen. Ein großes Fest und leuchtende Augen.

Sie werden es schaffen. Lassen Sie Ihr Kind zu sich sprechen und sich von ihm anlächeln …«

Sie hat den Abtreibungstermin abgesagt.

Später habe ich dieses Kind noch einige Male gesehen und dann aus den Augen verloren. Sie leben im Ausland.

Bin ich auf die Welt gekommen, obwohl ich doch wieder sterben muss …

… um den Eltern beizustehen, deren Tochter nach der Diskonacht verunglückt ist?

Sonntagmorgen um 3:30 Uhr werde ich von der Leitzentrale des Roten Kreuzes alarmiert: »Wir brauchen Sie dringend.« Vor der Wohnung im siebten Stockwerk eines Hochhauses wartet bereits ein junger Polizeibeamter auf mich, der mich knapp informiert: »Der Fahrer des Autos ist mit der 23-jährigen Tochter direkt auf eine Mauer geprallt, sie war sofort tot. Wir müssen weiter. Übernehmen Sie …«

Zaghaft betrete ich die Wohnung. Die Mutter geht aufgewühlt und laut schreiend hin und her. Der Vater sitzt versunken in einem Sessel. Nach einiger Zeit frage ich: »Haben Sie eine Kerze?« Wir zünden sie an und warten. Ich frage vorsichtig: »Sollen wir ein Vaterunser beten …?«

Nach diesem gemeinsamen Vaterunser kommt eine andere Atmosphäre ins Wohnzimmer. Die Frau wird ruhiger. Sie ruft ihre andere Tochter an, die mit ihrem zwölfjährigen Sohn sofort kommt. Nach und nach kommen noch andere. Der Zwölfjährige sagt mir, dass ihm die verunglückte Tante am Abend vorher noch eine orthodoxe Gebetskette überreicht habe, die ihn schützen solle in seinem ganzen Leben. Als hätte sie etwas geahnt ... Ein ratloses Kind, das seine Gebetskette in den Fingern hält.

Bin ich auf die Welt gekommen, obwohl ich doch wieder sterben muss …

… um den vor dem Haus fröhlich spielenden Kindern des Dachdeckers, der in der Sommerhitze vom Dach gefallen und plötzlich gestorben ist, noch einige Minuten mehr Unbeschwertheit in ihrer Kindheit zu lassen, bevor ich an der Haustür klingele und ihrer Mutter die Schreckensbotschaft bringe?

Ich sehe jetzt noch, wie sie fröhlich spielen … Und ich habe es nicht über das Herz gebracht, sofort zu läuten und die entscheidende Zäsur in ihr Leben hineinzusprechen …

Bin ich auf die Welt gekommen, obwohl ich doch wieder sterben muss ...

... um eine Nahtoderfahrung zu machen?

Das Thema Sterben und Tod begleitet mich seit meiner eigenen Nahtoderfahrung im Jahr 2010 anders und intensiver. Ich habe mit vielen Menschen – bei Kongressen und Tagungen wie auch im kleinen Kreis – immer wieder darüber nachgedacht.

Was war passiert? Seit langem wollte ich meinen Leistenbruch operieren lassen. Auf dem Rückflug von der Generalversammlung der lateinamerikanischen Bischöfe in Aparecida im Mai 2007 – wo ich als »Journalist« und Textverfasser im Hintergrund mitgearbeitet habe – hatte ich im Flugzeug von São Paulo nach Frankfurt deutliche Beschwerden bemerkt. Der Arzt sagte: »Wenn wir schon operieren, dann machen wir das unkomplizierte Blasendivertikel gleich mit.« Am Lehrstuhl verabschiedete ich mich von unserem Team: »Ich bin jetzt eine Woche weg. Ich lasse mich ›reparieren‹. Nächste Woche komme ich wieder.«

Großer Irrtum: Erst drei Monate später kam ich wieder. Bei der Operation ging einiges so schief, dass ich nach drei Tagen mitten in der Nacht als Notfall in die Universitätsklinik auf die Intensivstation gebracht wurde.

Noch habe ich in mir den Film, wie ich liegend die mit Neonlicht beleuchteten Decken und Flure und die sich öffnende Tür zur Intensivstation anschaue. Dann brach mein Bewusstsein ab, ich wurde neun Tage lang in künstliches Koma versetzt. In dieser Phase war ich an viele Überlebensschläuche angeschlossen – dies habe ich erst gesehen, als sie mich wieder »aufgeweckt« haben.

Während dieser Zeit saß ich auf einem Stuhl; eine Radwalze hat sich gegen mich gedreht. Ich habe erschöpft und verschwitzt dagegen – gegen den Tod – gedreht ... Dann kam die Erfahrung: »Ich kann nicht mehr ...« In diesem speziellen Bewusstseinszustand sagte mir eine Stimme wortwörtlich:

»Jetzt ist es so weit, jetzt bist du gleich im Himmel. Darauf hin hast du doch so oft gepredigt.«

Ich kann dies bis heute auswendig aufsagen. Es war wie eine Attacke, aber eine positive Attacke. Plötzlich entstand ein geradezu explosives Glück. Ich verlor den Kontakt zu meinem Körper. Mein Körper spielte keine Rolle mehr. Es war nur noch dieses explosive Glück. »Noch einen Millimeter, dann sehe ich Gott.« Ich war neugierig wie ein kleiner Junge, ganz erregt: »Jetzt kommt's gleich. Gott wolltest du doch schon immer mal so richtig sehen.« Und ich war lange, sehr lange direkt an dieser Grenze: *helles Glück pur.*

Plötzlich sagte dann dieselbe Stimme zu mir: »Schade um deine Frau.«

Dann musste ich wieder in meinen malträtierten todesnahen Körper zurück.

Ein »Gottesbeweis« ist meine Nahtoderfahrung nicht.

Gott habe ich nicht anders »gesehen« als vorher. Was sich aber völlig verändert hat: In diesen Sog des vorwärts ziehenden großen Glücks zu geraten, ist ein außerordentlicher Bewusstseinszustand, den ich bis dahin noch nie erlebt hatte und nur aus Büchern kannte. Als Theologe bin ich selbstkritisch und sehr vorsichtig, solche Bewusstseinszustände zu hoch zu spielen, etwa um bei Menschen, die nicht an ein Leben nach dem Tod glauben, besser argumentieren zu können. Ein Gottesbeweis sind Nahtoderfahrungen zwar tatsächlich nicht. Aber: Diese Erfahrung hat mich komplett irritiert, meine Wahrnehmung von Leben und Sterben auf den Kopf gestellt. Meine Angst vor dem Tod ist komplett verschwunden, hat sich einfach verflüchtigt. Immerhin habe ich an der Schwelle des Todes gestanden. Ich hatte mich schon gelöst von meinem geschundenen Körper – Darmlähmung, Magensaft in der Lunge, Aspirationspneumonie, septischer Schock. Es entstand ein Gefühl der Trauer, als ich wieder in diesen todkranken Körper zurückkehren musste.

Heute bin ich gesundheitlich gut dran – oft besser als vor dieser Nahtoderfahrung. Erfahrene Mediziner haben mir gesagt, dass dies bei Nahtoderfahrenen oft der Fall ist. Der Körper bäumt sich auf, entwickelt neue Kräfte, auch Abwehrkräfte, und entscheidet sich dafür, weiterzuleben. Aus Gesprächen mit einer Psychotherapeutin, die sich auf nahtoderfahrene Menschen spezialisiert hat, weiß ich, dass es genug Menschen gibt, die nach ihrer Nahtoderfahrung »hier« nicht mehr richtig ankommen. Sie verbleiben auf der »Halleluja-Ebene«: »Dort war es so schön. Und hier ist alles so öde. Warum habt ihr mich zurückgeholt?« Was hier auf der Welt für viele wichtig ist, wird für sie unwichtig. Manche können auch nicht mehr in ihren Beruf zurückkehren, nicht wenige trennen sich in ihren Partnerbeziehungen.

Da habe ich »Glück« gehabt. Während einer kompetent geführten Reha ging es steil aufwärts. Als mir ein Jahr später eine Nachuntersuchung verordnet wurde, stieß ich in der MRT-Abteilung auf einen Arzt, der bei meinem damaligen Überlebenskampf ebenfalls an der Untersuchung beteiligt gewesen war. Er fragte mich erstaunt: »Sind Sie wirklich dieser Herr Biesinger?« Ich bestätigte, und er fuhr fort: »Ich war damals dabei, als wir in der Aufnahme gesehen haben, wie das Kontrastmittel in ihren Bauchraum ausgelaufen ist.« Freude und ungläubiges Staunen bei ihm und erneute Überraschung bei mir. Offensichtlich hielt er es nicht für möglich, dass ich noch leben könne ...

Meine Aufgabe auf dieser Welt war in jenem März 2010 offensichtlich noch nicht zu Ende, sodass ich deswegen »zurückzukehren« hatte. Der Hinweis der Stimme »Schade um deine Frau« ist von mir bis heute als Aufgabe verstanden – nicht nur für meine Frau, sondern auch für andere Menschen.

Ein Studierender in jener Vorlesung, in der ich nach meiner Rückkunft aus der Reha offengelegt habe, was mit mir passiert war, war schon Journalist. Er hat sofort darüber berichtet – damit entstand eine Dynamik auch in anderen Medien. Zunächst war ich eher skeptisch, in den Medien offen über eine so intime spirituelle Situation überhaupt zu reden. Aber nach den ersten, sehr positiven Reaktionen auch mir ganz fremder Menschen, die mich sogar auf der Straße angesprochen haben, bin ich überzeugt, dass es richtig war, transparent darüber zu reden.

Bewusstseinsforschung ist ohne Gehirnforschung nicht denkbar. Natürlich habe ich reflektiert, dass sich ja alles (noch) in meinem Gehirn abspielte. Sauerstoffmangel, »Botenstoffe«, chemische Prozesse verschiedenster Art können solche speziellen »Bewusstseinszustände« auslösen. Ich frage weiter: Was ist mir in dem sich abzeichnenden Sterbeprozess wirklich widerfahren? Gibt es nach dem körperlichen Tod eben doch weiterbestehendes Bewusstsein? Dass alles über mein Gehirn lief, ist logisch. Ich könnte heute darüber sonst ja gar nicht berichten. Sterben ist offensichtlich für das Gehirn ein Feuerwerk an Herausforderungen.

Ein Mann sagte mir: »Ich habe dies auch schon erlebt. Aber ich traue mich nicht mehr, mit meiner Frau darüber zu sprechen, weil sie sonst wieder denkt, ich gehöre in die Psychiatrie.«

Eine junge Frau: »Meine Mutter hat mir etwas ganz Ähnliches erzählt und ich habe ihr nicht geglaubt. Es ist gut, dass mal ein Theologieprofessor offen darüber redet.«

Heute würde ich bereuen, geschwiegen zu haben angesichts dieser vielen Gespräche, Rückmeldungen und auch kritischen Anfragen besorgter Menschen. Immerhin geht es im Leben überhaupt – und erst recht im Zentrum des christlichen Glaubens – um Sterben, Tod und Auferweckung. Und es geht auch darum, diese Lebensprozesse nicht zu tabuisieren, sondern sie möglichst transparent – unbedingt hochsensibel, aber doch authentisch und angstfrei – zu kommunizieren.

Bin ich auf die Welt gekommen, obwohl ich doch wieder sterben muss ...

... um über meine Unsterblichkeit nachzudenken?

UNSTERBLICHKEIT
Der Gedanke
An unsere Unsterblichkeit
Lässt uns hoffen
Wenn frisch ausgehobene Gräber
Warten müssen
Und aus Langeweile gähnen
(Gunther Klosinski)

Die Unsterblichkeit überschreitet die frisch ausgehobenen Gräber. Sie sind dann nicht wichtig und sie können sehr wohl aus Langeweile gähnen. Und dennoch ist es eine wichtige Realität, diesen »Schnitt« zu machen, der uns herauslöst aus den Begrenzungen unserer materiellen Gebrechlichkeit.«

STERBEN
Einmal mehr einschlafen
Als aufwachen
(Gunther Klosinski)

Wenn es so einfach wäre, einfach einzuschlafen! Dies ist meine Bitte an Gott immer wieder: »Lass mich eines Tages einfach einschlafen und hier nicht mehr aufwachen. Lass mich dann bei dir aufwachen.«[4]

Bin ich auf die Welt gekommen, obwohl ich doch wieder sterben muss ...

... um im Tod mich mitzunehmen mit all dem, was ich in diesem Leben »er-lebt« habe?

Es geht auf unserem kleinen Heimatplaneten in der unergründlichen Weite des Universums offensichtlich um *Beziehung* – nicht nur zu anderen Menschen, sondern auch zur Schöpfung, die auch Katastrophen bereithalten kann.

Bin ich auf die Welt gekommen, um mich selbst in Raum und Zeit als »Beziehungs-Person« mit Menschen, mit der Natur, mit der globalen Umwelt, mit mir und mit Gott zu realisieren?

Bin ich deswegen auf diese Welt gekommen, um Geistiges »anzusammeln«, um alles Er-Lebte mitzunehmen in eine wie auch immer geartete neue Welt jenseits des Todes, in eine andere Dimension jenseits des Absterbens und der körperlichen Auflösung in Raum und Zeit? Wenn mein Körper eines Tages nicht mehr »tut« – bin ich dann mehr als mein Körper? Was wird dann aus all dem, was ich in diesem meinem Körper ein Leben lang er-lebt, er-beten, ge-dankt, er-freut, er-liebt habe? Geht es im Grab auf dem Friedhof für immer unter?

All dies ist für mich geheimnisvoll, aber ich möchte mich nicht vorschnell auf das »Geheimnis« zurückziehen, nur damit ich nicht weiter und tiefgründiger denken, zweifeln und mich selber infrage stellen muss.

Karl Rahner erschließt am Beispiel der Himmelfahrt den Vorgang bei Jesus. Jesus nimmt sich selbst mit:

> »Und er hat mitgenommen, was er angenommen hatte. Das hinfällige Fleisch, den menschlichen Geist, der im Todesleiden verdunkelte und keine Antworten mehr wusste, das zitternde Herz. Das, was ich bin: dieses enge Loch, voll Finsternis, in dem die Fragen und Unbegreiflichkeiten wie pfeifende Ratten herumschleichen und keinen Ausgang finden. Natürlich, ich weiß schon: Wenn man uns von Gott aus anschaut, kann man gewählter von uns reden und erfreulicher. Aber wisst ihr so genau, ihr, die ihr entrüstet seid über diese Anthropologie, dass ihr auch wirklich von der Perspektive Gottes den Menschen beurteilt: und er sah, dass alles gut war?«[5]

In meinem Leben hat sich viel »angehäuft«. Viele Begegnungen mit Tausenden Menschen – medial mit noch mehr. Es waren Situationen von Hoffnung, von Besorgnis und von Verzweiflung und eben auch von Angst. Durchgehend aber eher von Geborgenheit, sich an Gott »anlehnen« zu können, weil er mich bereits berührt hat, bevor ich mich überhaupt daran erinnern kann.

Das Bild auf meinem Schreibtisch: Ich kann gerade sitzen zwischen meiner lächelnden Mutter und meinem schmunzelnden Vater. Sie waren glücklich mit mir – nicht nur auf diesem Bild –, sie haben es auch immer wieder gesagt und es mich spüren lassen durch ihre Liebe, ihre Fürsorge und vor allem auch ihre weitblickende Entscheidung, mir Bildung zu ermöglichen, egal wie schwierig es für sie werden würde.

Dies alles werde ich mitnehmen, wenn ich eines Tages meinen Körper verlasse, in dem ich jetzt wohne.

Das andere Denkmodell: Zerstäubt alles und geht für immer unter?

Bin ich auf die Welt gekommen, obwohl ich doch wieder sterben muss …

… um die Todesangst von Sterbenden zu lindern?

Zwischenzeitlich habe ich noch öfter als vor meiner Nahtoderfahrung am Bett Sterbender gesessen. Ich habe – wenn es stimmig war – von meiner Nahtoderfahrung und dem explosiven Glück erzählt: »Warte ab, bald wirst du ein großes Licht sehen. Hab keine Angst …«

Eine mir bekannte Frau mittleren Alters wollte in der Sterbephase mit mir über ihre bevorstehende Beerdigung sprechen, die ich leiten sollte. Auch für sie war es hilfreich, dass ich authentisch von innen heraus mit ihr über meine Nahtoderfahrung sprechen konnte.

Ihr lächelnder Blick beim Abschied hat sich mir tief eingeprägt. Wenig später habe ich ihren toten Körper auf den Friedhof begleitet und sie Gott anvertraut. Ich war mir sicher, dass sie vorher noch ihre ganz eigene Erfahrung machen konnte.

In der spirituellen Begleitung in Krankheit, Sterben und Todesphasen will ich diese Erfahrungen nicht ausgrenzen. Es ist nicht sinnvoll, sie Menschen »aufzudrücken« – stimmig darüber zu kommunizieren, ist aber auf jeden Fall mehr als sinnvoll.

Ich bringe die konkrete Nahtoderfahrung mit meinem Glauben an die Auferweckung aus dem Tod in Verbindung. Aufgrund dieses selbsterfahrenen Bewusstseinszustands gehe ich davon aus, dass Gott mich ruft, diesen meinen dann nicht mehr »funktionstüchtigen« Körper zu verlassen und zu ihm »weiterzugehen«. Gott wird mir mit diesem Sog des großen Glückes entgegenkommen. Dies ist aufgrund meiner Erfahrung jetzt umso mehr meine Hoffnung.

Aber die Begegnung mit Gott jenseits dieser Grenze, an der ich in diesem Bewusstseinszustand stehen bleiben musste, ist mir ja bis heute nicht zugänglich. Und von daher will ich diese Erfahrung theologisch nicht überstrapazieren.

Gott ist Gott und er wird mir auf seine Weise begegnen.

Es kann sein, dass ich mit ihm auch noch ganz andere und komplexere Erfahrungen mache als in diesem großen Sog explodierenden Glückes.

Möglicherweise ist es genau das, was in der Beerdigungsliturgie als symbolisch formulierte Verheißung benannt wird: *Ewiges Leben, ewiges Licht leuchte dir, ewiger Friede ...*

Möglicherweise ist dieser Bewusstseinszustand ein Hinweis auf den Prozess, der uns bevorsteht, wenn wir diesen dann sterbenden und am Schluss toten Körper verlassen, hinter uns lassen, und im *Be-Reich Gottes* anders als jetzt existieren.

In der Begleitung von Sterbenden sind Nahtoderfahrungen hilfreich. Man findet in jeder Gemeinde Menschen, die so etwas schon erlebt haben, und möglicherweise sind sie auch glaubhafte Zeugen dafür, dass Sterben nicht nur die große Katastrophe ist, sondern dass wir im Sterben neues, ewiges Leben im Sog des großen Glücks Gottes gewinnen.

Vor einigen Jahren war ich mit dem heutigen Bischof Maximos mehrere Tage in der Mönchsrepublik auf dem Berg Athos in Griechenland. Ich wollte die dort gehüteten spirituellen Erfahrungen des »Jesusgebetes« intensiver verstehen lernen und mehr Anleitung von einem kompetenten Mönch bekommen. Am letzten Abend konnten wir kurz mit dem Abt des Klosters sprechen. Er war schon sehr alt und schwach. Er sagte uns: »Meine Schwangerschaft hier auf dieser Erde für das ewige Leben ist bald vorbei. Bald werde ich bei Gott sein.«

Wenn Sterben und Tod als »Schwangerschaft für das ewige Leben« zu verstehen ist, dann war ich mit meiner Nahtoderfahrung schon in einer späten Phase meiner eigenen Schwangerschaft für das ewige Leben.

Ich bin hochgespannt, wie es dann in der endgültigen Stunde X sein wird, wenn der Weg über diese Grenze, wenn der Sog in das große Glück nicht gestoppt wird, sondern ich die Erfahrung aus dem Psalm 4 machen kann: *Da mir eng war, hast du mir's weit gemacht.*

Die Begleitung von Nahtoderfahrenen ist eine Herausforderung. Nahtoderfahrene sind in einer speziellen Situation – manche isoliert, manche fühlen sich als etwas Besonderes, manche öffnen sich neu für Gott. Die seriöse Literatur – es gibt auch genug Publikationen, die mich nicht überzeugen – weist darauf hin, dass es viele Tausend Menschen sind, die Nahtoderfahrungen selbst erlebt haben. Der Kardiologe Pim van Lommel ist einer der Mediziner, die sich wissenschaftlich mit Nahtoderfahrungen auseinandergesetzt haben.[6]

Es ist immer wieder zu Recht gefragt worden, warum die kirchliche Verkündigung die Frage nach dem konkreten Übergang in Sterben und Tod und die Frage, was danach zu erwarten ist, nicht genügend in den Blick nehme. Eine interdisziplinäre Kooperation zwischen Medizin und Theologie ist dringend angesagt. Jenseitsvorstellungen – gerade, wenn man sie nicht niedlich kaschiert und damit auch entwertet – sind ein Kern und Goldstück unserer Verkündigung. Aber *wie* der Übergang verläuft, ist immer noch unerforschtes Neuland.

Seit ich die Nahtoderfahrung gemacht habe, will ich dieses explosive Glück unbedingt wieder erleben. Deswegen hat für mich der *Tod* seinen Schrecken verloren. Den Prozess des *Sterbens* will und kann ich aber gerade nicht verniedlichen. Sterben kann sehr schwer sein. Zu oft bin ich an der Seite von Menschen, die im Sterben sind und deren letzte Atemzüge ich direkt miterlebe. Kurz zuvor oft ein Lächeln ...

Christen reden oft darüber, wie schön es im Paradies ist – aber keiner will hin. Die uns gegebene Lebenszeit intensiv zu leben – im Auf und Ab –, ist eine Aufgabe. Unser Leben dem zurückzugeben, von dem es kommt, ist Gabe und Aufgabe zugleich.

Ich jedenfalls will dieses große Glück, das mir bereits begegnet ist – hoffentlich – wieder und dann unverlierbar erleben.

Bin ich auf die Welt gekommen, obwohl ich doch wieder sterben muss ...

... um mein schwerkrankes Patenkind über viele Jahre bis zu seinem frühen Tod regelmäßig sonntags auf seiner Pflegestation zu besuchen?

Der jahrelange Leidensweg von Markus hat auch mich sehr mitgenommen. An seinen Reaktionen konnte ich ablesen, wie wichtig und hilfreich diese Besuche für ihn waren.

Bin ich auf die Welt gekommen, obwohl ich doch wieder sterben muss …

… um den 95-jährigen Onkel in den USA, der nicht mehr aus seinem Altersheim herauskam, durch die Straßen zu schieben und mit ihm in einem Restaurant essen zu gehen?

»Das war für mich das letzte große Erlebnis meines Lebens«, so seine Worte zum Abschied.

Bin ich auf die Welt gekommen, obwohl ich doch wieder sterben muss …

… um dieses verloren dastehende Waisenkind auf seinem Weg mit seiner toten Mutter zu begleiten?

Die 42-jährige bitterarme Mutter des sechsjährigen peruanischen Jungen Washington ist an einer leichten Herzerkrankung gestorben. Es fehlte ihr jegliche medizinische Behandlung. In Europa wäre sie nicht gestorben. Am späten Abend versammeln sich Verwandte und Freunde um ihr Totenlager. Sie bringen der Toten etwas zu essen und zu trinken, sprechen ihr Geheimnisvolles in ihr Ohr. Alle trinken sie Maisbier. Zwischendurch beten sie. Der Abschied von einer Toten in der indigenen Kultur. Am anderen Morgen wird die Tote in eine Holzkiste gelegt. Der kleine Washington steht sprachlos und verloren daneben. Er ist in sich versunken. Er hat jetzt keine Mutter mehr, den Vater gibt es sowieso schon lange nicht mehr. Ich stelle mich zu ihm, als sie die Holzkiste zunageln und seine Mutter für ihn für immer verschwindet … Er ist geschockt. Auf dem Trauerzug zum Friedhof lege ich ihm meine Hand auf seine Schulter und versuche ihn zu trösten. Danach sorgen einige Frauen aus der Gemeinde für ihn.

Bei meinem nächsten Besuch in dieser Gemeinde treffe ich ihn wieder – diesmal vor der Schule –, ein letztes Mal. Er kommt danach zu seinem Onkel nach Lima.

Ich habe mit ihren kleinen Kindern, die laut über den Friedhof geschrien haben, Familienväter beerdigt, die von jetzt auf gleich an einem Herzinfarkt gestorben sind. Laute Klageschreie von Kindern und ihren Familien – selbst erschüttert, konnte ich nur mühsam die Tränen unterdrücken.

Bin ich auf die Welt gekommen, obwohl ich doch wieder sterben muss …

… um »Jesus, jetzt darfst du mit mir nach Hause kommen« erleben zu können?

Mit meiner damals vierjährigen Enkelin Lisa ging ich auf einem Spaziergang an einem nasskalten Märztag auch in die Kirche. Gemeinsam haben wir am Marienaltar eine Kerze für ihre Brüder, eine Kerze für Mama und Papa und eine Kerze für die Omas sowie die Opas angezündet. Die Marienfigur mit dem Jesuskind auf dem Arm beeindruckte Lisa sehr. Sie schaute das Jesuskind an und sagte: »Jesus, jetzt darfst du zu mir herunterkommen.« Sie machte Bewegungen, als würde sie ihn herabwinken, und hielt dann das Jesuskind in ihrer kleinen Hand. Sie schaute mich kurz an, ob das wohl geht, dann setzte sie Jesus vorsichtig in ihre Hosentasche. Auf dem Heimweg hielt sie die Hand darüber, damit Jesus nicht herausfallen konnte. Zu Hause ging sie sofort in ihr Zimmer und holte das Jesuskind aus der Hosentasche: »Jesus, jetzt darfst du in meinem Bett schlafen!« Sie deckte ihn liebevoll zu.

Lisa hatte es wohl nicht gefallen, dass das Jesuskind in der kalten Kirche fast ohne Kleidung auf dem Arm seiner Mutter sein musste. Er sollte es schön warm haben in ihrem Bett.

Ungefähr vier Wochen später fragte ich sie: »Lisa, was ist jetzt mit dem Jesuskind?« Sie zeigte mir, wie Jesus an der Wand schön eingekuschelt in ihrem Bett lag. »Und seine Mama ist jetzt auch gekommen.«

Einige Zeit danach fragte sie mich: »Kann Jesus in meinem Bett bei mir zu Hause und auch in der Kirche sein?« Ich sagte ihr, dass Jesus bei uns wohnen kann und dass er gleichzeitig auch in der Kirche ist.

Wieder einige Zeit später – ich blieb neugierig: »Jetzt ist er wieder nach Hause gegangen in die Kirche!«, meinte Lisa. »Da besuchen wir ihn bald mal wieder ...«

Die Frage »Warum kommen wir überhaupt auf die Welt, wenn wir dann doch wieder sterben müssen?« beantwortet sich für mich auch in dieser Begegnung mit Lisa. Ich habe nichts Schwieriges getan. Ich bin lediglich mit ihr in die Kirche gegangen. Sie hat sich ihre eigenen Gedanken gemacht und spirituell beeindruckend gehandelt. Ein spezielles Beispiel für »Kindertheologie«.

Man sollte Kinder nicht vorwiegend »beschallen«. Es ist viel wichtiger, ihnen auch im Blick auf Gott Lernmöglichkeiten zur Verfügung zu stellen. Allerdings: Wäre ich nicht mit ihr in die Kirche gegangen, dann hätte sie (und ich) dies nicht erleben können.

Bin ich auf die Welt gekommen, obwohl ich doch wieder sterben muss …

… um meinem Enkel Noah seine Frage zu beantworten: »Opa, hast du den lieben Gott schon mal gesehen?«

»Opa, hast du den lieben Gott schon mal gesehen?«, so mein Enkel Noah auf dem Heimweg von der Kita – plötzlich bleibt er auf dem Gehweg stehen. Noah will es genau wissen. Ich sage ihm, dass ich Gott noch nie »gesehen« habe. Gott kann man mit unseren Augen nicht sehen. Gott ist ganz anders. Aber wir Menschen wissen viel über Gott, weil Jesus uns beeindruckende Geschichten dazu erzählt hat, wie Gott ist und wie er handelt. Und von Jesus wissen wir, dass er die Kinder in seine Arme genommen und sie gesegnet hat. Ich habe Gott schon ganz nah bei mir gespürt.

Am Schluss des Gesprächs sagt Noah: »Gott ist ja überall, Opa, dann ist er auch bei mir drin«, und zeigt auf sein Herz.

Eine für mich unvergessliche Situation: alltagsnah, stimmig und für das Kind lebensrelevant. Auskunft geben über meine Hoffnung (1. Petrusbrief 3,15) – auch schon einem Kind in der Kita.

Bin ich auf die Welt gekommen, obwohl ich doch wieder sterben muss …

… um Wasser zu tragen, damit Zement für ein Gesundheitszentrum in Peru angerührt werden kann?

Direkt an meinem Schreibtisch hängt ein Bild eines Gesundheitszentrums in einem Elendsviertel in Lima/Peru. Ich konnte damals beim Team von Josef Sayer, Franz Marcus und Angelika Mattula-Marcus hospitieren, die dort als Entwicklungshelfer jahrelang basisnah mit Menschen zusammengearbeitet haben, die von Terroristen vertrieben worden waren. Das war eine Wende in meinem Leben. Ich habe wie die anderen Menschen dort in einer Hütte aus Schilfmatten geschlafen. Mit vielen bitterarmen Menschen konnte ich direkt kommunizieren, beschützt und eingeführt durch dieses Team.

In der Schilfmattenkirche habe ich Taufkatechese erlebt. Noch angeschwärzt vom Staub seines Säcketragens kam ein Mann verspätet hinzu. Er sagte lange nichts – gegen Ende sprach er weinend: »Bisher hat man mir gesagt, weil ich gesündigt habe, bin ich arm. Und ihr sagt mir heute Abend bei der Taufe, dass *mein* Kind bei Gott ein Königskind ist. Dass Gott mich liebt, auch wenn ich ein Armer bin …«

Nachdenklich bin ich in meine Schilfmattenhütte zurückgekehrt und konnte lange nicht einschlafen: So korrupt kann Kirche und Theologie sein, so bösartig oder zumindest so dumm! So sehr, dass man den Armen auch noch den Stempel aufdrückt: Gott liebt dich nicht, weil du arm bist. Und du bist nicht ohne Grund arm, du hast nämlich gesündigt …

Jesus würde mit der Faust auf den Tisch schlagen.

Dieses Bild mit dem Gesundheitszentrum in Montenegro im großen Stadtteil Canto Grande weit draußen in Lima hängt auch deswegen an meinem Schreibtisch, weil ich an mehreren Sonntagen morgens schon sehr früh Wassereimer getragen habe, damit sie Mörtel mischen konnten, um das Fundament zu gießen. Natürlich wäre dieses Gesundheitszentrum auch ohne mich erbaut worden. Aber wenn damals alle so gedacht hätten – dass es auf sie nicht ankäme –, wäre es nie entstanden. Viele Menschen wären an leicht beherrschbaren Krankheiten oder Geburtsproblemen einfach weggestorben.

Bin ich auf die Welt gekommen, obwohl ich doch wieder sterben muss ...

... um in dieser Weltgegend aufzuwachsen?

Auf die Welt geschickt – warum gerade 1948 nach den Grauen des mörderischen Nationalsozialismus und in den aufkeimenden Hoffnungen, dass es irgendwie besser weitergehen wird? Warum bin ich nicht in China oder Chile, sondern in Tübingen geboren und in der Klinikkapelle bereits nach drei Tagen getauft, ohne dass mein Vater dabei sein konnte. Es hätte ja sein können, dass das Kind stirbt und ungetauft ja in die Hölle kommt ... So dachte man damals – aus heutiger Sicht schräg, theologisch inkonsequent und eine Missachtung der Liebe Gottes für alle seine Menschen. Als ob er ein Kind, das nicht getauft ist, von sich wegstoßen würde; als ob er überhaupt Menschen, die er als seine Geschöpfe liebt, verstoßen will und kann. Wir Menschen stoßen uns schon selbst von Gott weg, indem wir uns wider-göttlich verhalten. Dazu muss Gott noch nicht einmal aktiv werden ...

Ich hatte in meiner Heimat die Möglichkeit, Christ zu werden, und bin bis heute dabei, »etwas daraus zu machen«.

Bin ich auf die Welt gekommen, obwohl ich doch wieder sterben muss ...

... um von Gott umhüllt den Sog ins Licht zu erleben?

Das Bild »Gottesbeziehung« des Benediktinermönches Thomas Hessler aus dem Europakloster Gut Aich am Wolfgangsee bei Salzburg ist für mich zu einem Lebensbild und einer symbolischen Hoffnungsverheißung über den Tod hinaus geworden. Es symbolisiert in einer Spirale von Schwarz, Blau, viel Rot und hellem Gelb unsere Existenz.

Wir sind trotz allem Dunkel umhüllt von der Liebesenergie Gottes und es ist eine Spirale ins Licht – ewige Existenz in Gott. In diese spiralförmige Dynamik hineingerufen, in das »ewige Licht Gottes« – was werde ich da machen? Werde ich dann einfach auch zu einem Licht um Gott herum oder werde ich in ihm aufgehen?

Ist all das, was ich in diesem Leben erlebt habe, dort weiter relevant? Gestalte ich auf dieser neuen Bewusstseinsebene das, was ich in diesem Leben getan habe, weiter?

Natürlich ist so zu denken spekulativ. Aber es wäre ein Fehler, vorschnell aufzugeben. Ich will auch über Grenzen hinausdenken und mich nicht mit den materiellen Grenzen dieser Welt zufriedengeben. Ich werde mich allerdings überraschen lassen (müssen), weil manches so ganz anders sein könnte, als ich es mir hier vorgestellt habe. Was habe ich schon alles über Gott gedacht! Wie er wohl aussieht, damals, als Kind; später, wie es sein kann, dass er wirkt; und heute, wo er war in der Pandemie und warum so viele Menschen gestorben sind. Warum ein Virus alles durcheinanderbringen kann. Und wie es sein kann, dass solche Grausamkeiten wie in der Ukraine überhaupt möglich sind.

Vielleicht bin ich auf die Welt gekommen, um zu begreifen, dass, wenn ich über Gott spreche, es immer mehr falsch als richtig ist. Dieser Satz ist theologisch hochrelevant und mehr als richtig. Der Philosophieprofessor Joseph Möller – als junger Student im ersten Semester saß ich mit großen Augen und mühsam verstehend in seiner Tübinger Vorlesung über die Lehre vom Sein – hat ein nachdenklich machendes Buch geschrieben: »Vielleicht ist alles anders« …

Bin ich auf die Welt gekommen, obwohl ich doch wieder sterben muss …

… um meinen Gott »auszuleihen«?

Mein Enkel Jonas will mit mir ein Buch schreiben. Er hat auch schon ein Thema: Leih mir deinen Gott. Für Kinder, die gar nichts von Gott wissen und auch nicht mit ihm zu tun bekommen, sei es wichtig, ihnen den eigenen Gott zu leihen.

Zunächst bin ich etwas nachdenklich über diese Formulierung. Aber ich habe es schon einmal erlebt:

Mit unseren damals vier- und zweijährigen Kindern setzte ich mich am Abend im Kinderzimmer in die Matratzenecke auf den Boden – ein Kind im Arm rechts, ein Kind im Arm links, in der Mitte die Kinderbibel. Ich habe ihnen regelmäßig eine Geschichte daraus vorgelesen. Von der Erschaffung der Welt bis zur Himmelfahrt Jesu ... Als wir die Kinderbibel ganz gelesen hatten, sagte der Vierjährige, wir sollten wieder von vorn anfangen.

Geschichten der Bibel haben sie fasziniert. Manchmal kam die kleine Jenny aus der darunter liegenden Wohnung schüchtern dazu und fragte, ob sie auch zuhören darf. Sie bekam von ihren Eltern, die sich als nicht religiös verstanden, diese biblischen Geschichten nicht. Und sie war schlau genug, sie sich dort zu holen, wo sie sie bekommen, sich ausleihen konnte. So wurde die »Bibelrunde« einfach vergrößert.

Als dann Jennys Opa starb und sie ganz traurig war, versuchte unser Vierjähriger sie zu trösten: »Jenny, wenn mein Opa kommt, dann darfst du auch mal mit ihm spielen.«

Bin ich auf die Welt gekommen, obwohl ich doch wieder sterben muss ...

... um in dieser Zeitschiene, in dieser Weltregion, vernetzt mit diesen konkreten Menschen unterwegs zu sein?

Habe ich für sie eine Aufgabe – und sie für mich?
Soll ich für sie Gabe sein – und sie für mich?
Soll ich etwas hinterlassen – eigenen und anderen Kindern, den Schüler:innen und Studierenden – eine Heimat oder Ideen, etwas Geistiges, das Bestand hat?

Aber was hat denn überhaupt Bestand?

In Todesanzeigen lese ich: »In unseren Herzen lebst du immer weiter« – oder Ähnliches. Das hat allerdings eine sehr kurze Halbwertszeit. Wer denkt noch an meine Oma Josefine Biesinger, 1892 geboren und 1959 gestorben, wenn ich eines Tages selbst tot bin und nicht mehr an sie denken kann? Bleibt all das, was geistig ist an mir, einfach in der Gegenwart Gottes? Ist das vielleicht ewiges Leben: in der Gegenwart Gottes »geborgen«, »aufgehoben« und »beheimatet« sein? Meint Auferweckung aus dem Tod: Ich bin mehr als mein eines Tages nicht mehr funktionierender Körper, den ich verlasse, von dem ich mich trenne oder von dem ich getrennt werde und der dann zerfällt?

Aber noch bin ich hier – und es gefällt mir hier in diesem Körper und mit den Menschen, mit denen ich unterwegs bin. Umso mehr ist meine Existenz in dieser Welt eine große Herausforderung, weil ich weiterdenke und fühle – was kommt danach? Gibt es ein Danach? Oder ist schon die Frage falsch, weil ich mit meinem Tod aus Raum und Zeit herausfalle und es dann weder eine Vergangenheit noch eine Gegenwart oder Zukunft geben wird? Ist dann einfach unser ganzes Leben eine Gegenwart in Gottes Gegenwart – wir Menschen und die Schöpfung für immer vereinigt mit Gott –, ewiges Licht, ewige Heimat?

Noch bin ich hier. Aber ich bin anders hier, als wenn ich mir diese Fragen nicht stelle.

Bin ich auf die Welt gekommen, obwohl ich doch wieder sterben muss …

… um mich in Gott einzufühlen, wie es ihm wohl geht, wenn er diese Welt anschaut?

> Wie kann Gott denn damit zurechtkommen, wenn er ansehen muss, was die von ihm geschaffenen Menschen anrichten? Ich stelle nicht nur die Frage: Wie kann Gott das zulassen? Vielmehr stellt sich auch die Frage: Wie soll es Gott gehen, wenn er all das mit anschauen muss?
>
> Zweifle nach vorn – glaube zurück![7]

Bin ich auf die Welt gekommen, obwohl ich doch wieder sterben muss …

… um wunderbare Erfahrungen zu machen?

Es würde mir fehlen, wenn ich nicht diese vielen Menschen getroffen, manche auch sehr geliebt hätte. Nicht die Wiesen und Bäume gerochen hätte, die Seen und Flüsse befahren hätte und nicht in meinem Elternhaus mit Kühen, Schafen, Ziegen und Hühnern aufgewachsen wäre.

Schroffe Bergspitzen, die Anden in Südamerika und die Wüste in Israel. Unvorstellbar, wenn ich das nicht hätte erleben können. Oder wenn ich nicht mit großen Augen hätte aus dem Flugzeug die Erde bewundern können – die Küsten Europas, wenn die Maschine nach Südamerika auf den Atlantik hinausflog; in den Hochanden beim Anflug auf Cuzco oder auf Juliaca am Titicacasee – unbeschreibliche Bilder der Schöpfung …

An diesen Beispielen kommt die Frage »Warum kommt man überhaupt auf die Welt, wenn man dann doch wieder sterben muss?« an ihre erfreuliche Grenze: Sei einfach dankbar, dass du all dies erleben konntest und kannst – einen solchen Reichtum an Sinneseindrücken, Veränderungen und Situationen voller Ehrfurcht und Neugierde.

Bin ich auf die Welt gekommen, obwohl ich doch wieder sterben muss …

… um zu warten – einfach nur zu warten?

Die Frage, warum wir auf die Welt kommen, ist nicht nur durch besondere Aktivitäten zu beantworten. Was ist mit Menschen, bei denen sich das Leben ganz anders abspielt? Dann beantwortet sich auch die Frage eben anders: einfach *sein,* nicht aktiv sein müssen oder Situationen und Krisen erleben.

Ich habe es mir angewöhnt, manchmal eine Stunde nichts zu tun, einfach »nichts tun«. Die Gedanken fließen lassen – warten, bis eine Stunde vorbei ist. Auch dies ist menschliche Existenz.

Einfach da sein, sein.

In der spirituellen Tradition des Christentums, aber auch in anderen Religionen geht es um Kontemplation.

Bin ich auf die Welt gekommen, obwohl ich doch wieder sterben muss …

… um seit 40 Jahren Diakon zu sein?

Dass ich Diakon wurde, hat – im Nachhinein reflektiert – von meiner Sozialisation her plausible Gründe: Meine Oma war eine Frau auf Gottsuche. Sie hat mich schon früh mit ihren Gebeten und ihrem Handeln beeindruckt. Und der Religionslehrer – ein Priester, der uns in der dritten Grundschulklasse unterrichtet hat – war für mich ein Vorbild, zu dem ich aufschauen konnte.

Schon während meiner Internatszeit muss ich irgendwie nach außen so gewirkt haben, dass immer wieder Schulkameraden von sich aus mit mir über ihre Probleme sprachen. Oft wurde ich geholt, wenn jemand Trost brauchte, wenn Konflikte geklärt werden mussten oder wenn jemand in Not war.

Schritt für Schritt wurde ich immer mehr zu einem Diakon in Elendsvierteln in Lateinamerika. Ich habe schon erzählt vom Bau des Gesundheitszentrums im Armenviertel Montenegro in Canto Grande in Lima, wo ich so sonntagmorgens Eimer getragen habe, um mit dem Wasser Zement anzurühren. Ebenso war da die Mithilfe beim Bau von Kindergärten in sehr armen, kleinen Gemeinden in den Anden auf 3500 Metern Höhe oder die Zusammenarbeit mit Mauricio Rodriguez und anderen für ein Radio mit großer Reichweite für die Armen am Titicacasee: *Radio Pachamama.*

Ich habe als Diakon so manche unvergessliche Situation erlebt:

- »Mein Mann hat mich verlassen – können Sie vorbeikommen?«
- »Mein Sohn will nicht mehr mit mir reden – was habe ich nur falsch gemacht?«
- »Kannst du kommen? Mein Mann liegt im Sterben.« – Ich habe an jenem Nachmittag bis zu seinem Tod bei dieser Familie mit der siebenjährigen Tochter im Wohnzimmer an seinem Sterbebett gesessen. Kurz, nachdem ihr Vater gestorben war, hat sie ihn in der Küche als Engel gemalt. Bei der Beerdigung habe ich dieses Bild auf die Grabkante gelegt, sodass alle die Botschaft dieses Kindes sehen konnten.

Wenn Sie diese Zeilen lesen, dann werden Sie vielleicht denken: Was der da schreibt ... Diakon:in bin ich ja nicht; mit so etwas kann ich in meinem Leben nicht viel anfangen.

Oder vielleicht doch: *Alle* Christ:innen sind Diakon:innen, weil der Diakon Jesus Christus selbst Menschen die Füße wusch und uns aufgetragen hat, es ihm gleich zu tun.

Bin ich auf die Welt gekommen, obwohl ich doch wieder sterben muss …

… um zu lernen, wie Familien ihre Kinder religiös kompetent begleiten und ihren Familienalltag spirituell gestalten können?

Beeindruckend waren und sind für mich Menschen mit der großen Hoffnung, dass sich für ihr Kind der »Himmel« öffnet; die wissen, dass das anvertraute Kind nicht nur den eigenen Schutz braucht; die ihr Kind unter den Schutz dessen stellen, der es letztlich als Schöpfer gedacht, ermöglicht und ihnen anvertraut hat.

Dabei kann die Einbeziehung der Eltern nicht früh genug beginnen, zum Beispiel in einer Segnungsliturgie mit schwangeren Paaren und Alleinerziehenden – ich sage bewusst nicht »schwangere Frauen«; immerhin sind die dazugehörigen Männer dabei zu 50 Prozent beteiligt, auch wenn sie es manchmal nur schwer realisieren oder gar verweigern.

Religiöse Elternkompetenz kann entstehen, wenn die Eltern gemeinsam die Taufliturgie mitvorbereiten und dadurch auch intensiver mitvollziehen können. Religionspädagogisch sinnvoll können bei der Taufkatechese auch schon Rituale mit dem eigenen Kind erörtert werden. Eltern versprechen ja bei der Kindertaufe, ihr Kind auf seinem Weg zu und mit Gott zu begleiten.

Diese drei Rituale können Ihren »Tagen mehr Leben« geben:

- Wenn Ihr Kind morgens aus dem Haus geht, segnen Sie Ihr Kind. Dies kostet weder Zeit noch Geld. Legen Sie Ihrem Kind die Hand auf den Kopf oder machen Sie ihm ein Kreuzzeichen auf die Stirn: Gott beschütze dich. Ein kurzer Blick, und die Kinder machen sich auf ihren Weg in den Tag.
- Vor dem Essen innehalten, Entschleunigung, Verlangsamung. Wir reichen uns die Hände und beten gemeinsam: »Jedes Tierlein hat sein Essen, jede Pflanze trinkt von dir, hast auch unser nicht vergessen, lieber Gott, wir danken dir. Guten Appetit.« Kinder lernen so, alltagstauglich zu beten. Gebete sind schließlich »Gotteskommunikation«. Kinder lernen und vollziehen auf diesem Weg Glaubensbedeutungen: Wir danken Gott, der uns mit diesem Essen am Leben erhält; wir danken denjenigen, die für dieses Essen gearbeitet haben; und wir bedanken uns dafür, dass wir gemeinsam am Tisch sitzen können. Und wir denken an die Kinder und die Menschen auf der Welt, die heute schon wieder hungern müssen. Kinder verstehen dies spontan und selbstverständlich.
- Das wichtigste Ritual ist meines Erachtens das »Abendritual« – mit den Kindern am Bett sitzen und noch einmal den Tag durchgehen: »Was war heute schön, was war nicht so schön?« Unsere damals fünfjährige Tochter sagte daraufhin einmal: »Lieber Gott, heute war es gar nicht schön. Der Moritz hat mich gehaut. Dann habe ich ihn auch gehaut. Schlaf gut, lieber Gott.« Es war nicht

> schwierig, dieses kleine Mädchen dabei zu begleiten, selbst noch einmal den Tag anzuschauen. Heraus kam ein Klagegebet eines Kindes, das zum ersten Mal in seinem Leben von seinem damals besten Freund geschlagen worden war.[8]

Bin ich deswegen auf diese Welt gekommen, um mit anderen Eltern Gott zu suchen – ein Leben lang in verschiedenen Phasen und Vorstellungen?

Bin ich auf die Welt gekommen, obwohl ich doch wieder sterben muss …

… um den 57-Jährigen kurz vor seinem Tod zu fragen, ob ich mit ihm ein Vaterunser beten soll?

Er hat ganz langsam und mit letzter Kraft die Hände zu falten versucht – die Fingerspitzen konnten sich gerade noch berühren – und er hat sein letztes Vaterunser gebetet, leicht die Lippen bewegend.

Bin ich auf die Welt gekommen, obwohl ich doch wieder sterben muss …

… um mir selbst ein Rätsel zu bleiben?

In manchem bin ich mir selbst ein Rätsel geblieben. Dafür bin ich dankbar und zugleich bin ich damit unzufrieden.

> Manchmal habe ich überraschende Ideen, manchmal fallen mir beeindruckende Worte ein – und manchmal gar nicht, und deswegen liebe ich Überraschungen. Und die darin gründende Neugierde führt mich weiter, auch über die Grenze des Todes hinaus. Ich bin überrascht, welche grandiosen Verheißungen ich in meinem Leben kennenlernen konnte.[9]

Und immer noch mehr Fragen:

ABLEBEN
Den Vorfahren
Nachkommen
(Gunther Klosinski)

> Treffen wir uns wieder mit den Menschen, die uns lieb waren und schon vorausgegangen sind? Werden wir sie als Person wiedererkennen? Werden die verstorbenen Eltern auf uns warten in der neuen Welt Gottes?
> Es ist im Augenblick nicht verstehbar, wie es gehen soll. Sind sie eine »Geist-Person«, die mit uns dann auf geistiger Ebene kommuniziert und gar keinen Körper mehr braucht?[10]

Bin ich auf die Welt gekommen, obwohl ich doch wieder sterben muss ...

... um Segen und Fluch des Menschen wahrzunehmen?

Segen und Fluch des Menschen ist, sich immer wieder zu verlieren, gerade auch, wenn es darum geht, den Verlust dadurch wieder loszubekommen; indem wir ihn verlieren, ergibt sich ein neuer Weg nach vorn.
Die Fixierung darauf, dass es nur so oder so sein kann, wird durch die Selbstentdeckung aufgelöst.[11]

Der letzte Kuss
Der letzte Kuss
Und der letzte Tango
Sie kommen
Meistens zu früh
Und oft zu spät
(Gunther Klosinski)

Angesichts von dementen Menschen ist die große Frage an Gott: Warum nicht endlich die Loslösung von diesem Körper? Und warum mit 47 Jahren an Herzinfarkt sterben? Die laut schreienden Kinder meines Freundes auf dem Friedhof sind Klage und Anklage![12]

Oder ist alles anders?

Wenn ich durch biologische Zeugung in dieses materielle Universum geholt werde, ist von vornherein schon programmiert, dass ich sterbe. Erst mal kommt eine lange Zeit, um mich Schritt für Schritt zu entwickeln – Wachstum, Sprache, Kommunikationsfähigkeit, Zeugungsfähigkeit, möglicherweise viele Jahre ohne Krankheit, immer wieder aber doch auch Einbrüche bis an die Todesgrenze.

Wenn ich das nicht will, dann ist es besser, auf dieser Erde gar nicht vorbeizukommen. Doch es hat mich niemand gefragt, ob ich in diese Welt kommen will.

Aber es ist ja auch eine spezielle Erfahrung, dass mein Körper – in dem ich jetzt Gedanken formuliere, mit dem ich meditieren kann, in dem ich Inspirationen, geistvolle oder weniger geistvolle, erleben kann – nur für eine bestimmte Zeit und Wegstrecke geliehen ist.

Dies ist für mich eine Herausforderung. Und wenn ich dann nicht nur an mich selbst denke, sondern an viele Menschen, mit denen ich als Diakon unterwegs bin, dann erinnere ich mich an Erfahrungen, die mit dem Stichwort »brutal« nur ungenügend beschreibbar sind.

Müssen solche schmerzlichen Tragödien sein? Hätte Gott als Schöpfer der Welt es nicht anders einrichten können? Ist denn die Evolution ein solcher Selbstläufer, dass nicht einmal göttliche Kraft Dinge so lenken kann, dass »brutale« Situationen gar nicht erst entstehen? Dies ist für mich der große Gottes-Zweifel und ich will – falls ich dies jemals kann – mich bei Gott erkundigen, warum das so ist.

Das beeindruckende Buch von Johannes Röser »Auf der Spur des unbekannten Gottes. Christsein in moderner Welt«[13] hat mir zu diesen Fragen einige »Lichter aufgesteckt«. Aber auch auf der Basis dieser hochintelligenten und lebensnahen Reflexionen muss ich damit zurechtkommen, dass Gott gegen die Endlichkeit unserer materiellen Existenz, die ja in diesem materiellen Universum wurzelt, offensichtlich nichts unternehmen kann oder will.

Ich bin nicht bereit, ihn aus den Zerstörungen, auch den Selbstzerstörungen des eigenen Körpers, herauszuhalten, aus den Bedrohungen durch Viren, Krebsgeschwüre und Alterungsprozesse – auch des Gehirns durch Demenz oder Alzheimer.

Bin ich etwa auf diese Welt gekommen, um diesen ganzen »Schlamassel« kennenzulernen und auszuhalten? Eigentlich kann ich gut darauf verzichten ... Aber auch dies hilft nicht weiter.

Bin ich auf die Welt gekommen, obwohl ich doch wieder sterben muss ...

... um darüber nachzudenken, wozu Religion sinnvoll ist?

Mit Gott mein Leben zu verstehen und zu leben ist mir wichtig geworden. Es ist eine Entscheidung, es hätte ja auch anders laufen können. Hilfreich war und ist dies für mich auf jeden Fall.

Sich dem ewigen Geheimnis von Gott in der Welt annähern – wenn Gott in unserem Alltag zum »Familienmitglied« wird, wenn er in Partnerbeziehungen Widerstandskraft und Verheißungen erschließt. Und selbst dann, wenn wir Phasen haben, wo wir das alles gar nicht zusammenbringen können: diese zum Teil brutale Welt, unsere Versuchung zur Ablenkung und dagegen die Dimensionen des Lichts, die uns weitertragen können: »Ich bin das Licht der Welt.« Natürlich ist das eine bildliche Vorstellung. Hier ist das Licht nicht naturwissenschaftlich gedacht, es bedeutet vielmehr »Gotteskraft«.[14]

Bin ich auf die Welt gekommen, obwohl ich doch wieder sterben muss …

… um zu erleben, dass meine Oma auf der Straße kniet und laut zu Gott schreit?

In meiner frühen Kindheit hat man am »Waschtag« die Wäsche erst in großen, dampfenden Behältern gestampft und dann mehrfach ausgewaschen und schließlich aufgehängt. Meine Oma hat »auf der Gasse«, also vor dem Haus, neben einem mit Kohle befeuerten Kessel mit kochend heißem Wasser die Wäsche gewaschen.

Mein kleiner Bruder fiel beim Spielen rückwärts in die heiße Waschbrühe. Er erlitt furchtbare Verbrennungen, das Waschmittel fraß sich in seinen Rücken und in die Arme; monatelang musste er auf der Isolierstation im Klinikum in Tübingen versorgt werden. Meine Mutter, die ihn nur selten besuchen durfte, hörte ihn schon von Weitem schreien – schreien ohne Ende. Es war für sie als Mutter eine Katastrophe, so hilflos zusehen zu müssen … Oft kam sie verzweifelt von der Klinik zurück.

Bin ich deswegen auf die Welt gekommen, um solchen Leidsituationen schon so früh ausgesetzt zu werden? Was wäre das für ein Gott, wenn er das für mich vorgesehen hätte? Oder hätte meine Oma einfach besser aufpassen sollen, weil dann dies alles nicht passiert wäre? Oder hat Gott damit gar nichts zu tun?

Bin ich auf die Welt gekommen, obwohl ich doch wieder sterben muss …

… um als Vorschulkind zu denken, dass meine Eltern gestorben sind?

In langen, gefühlt nicht endenden Wochen in einem Kinderheim, in das ich als Vorschulkind »zur Erholung verschickt« worden war, war ich zwar, was Essen und Trinken und Kommunikation anging, gut aufgehoben. Aber ich hatte Heimweh ohne Ende. Mit der Zeit dachte ich: Meine Eltern gibt es nicht mehr.

Eines Tages sagte die nette Ordensschwester zu mir: »Schau mal, wer da unten steht!« Ich rannte runter und lief meinem Vater in die Arme. Er drückte mich lange – voller Glück. Es war wie neues Leben – der Geschmack von »Auferweckung«.

Dass es richtig war, mich als Nachkriegskind zur Erholung zu verschicken, obwohl es bei uns zu Hause in unserer kleinen Landwirtschaft genug zu essen, zu trinken, Tiere und viel Liebe gab, bezweifle ich heute noch mehr als damals. Aber es war so. Und ich habe diese Erfahrung ja auch nur deswegen gemacht, weil ich in diesem Kinderheim war. Ein Tag voller Glück – mein Vater, der mir vorkam wie ein »Retter«.

Bin ich auf die Welt gekommen, obwohl ich doch wieder sterben muss …

… um einen Mathematiklehrer erleben zu müssen, der zu mir sagt: »Biesinger, du bist dumm«?

Ich war als Kind und Jugendlicher in unserer kleinen Landwirtschaft und in einem altsprachlichen Gymnasium unterwegs. Schon seit meiner Erstkommunionszeit wollte ich »Pfarrer« werden. In meinem Alltag war Heumachen angesagt, Gras holen, säen, pflügen, Mist und Gülle ausbringen. Schon mit zehn Jahren habe ich stundenlang auf den Äckern unseren kleinen Traktor gefahren und manchmal frühmorgens Wiesen gemäht, bevor ich in die Schule gegangen bin. Es war nicht einfach, beides miteinander zu verbinden. Während ich in der Grundschule beim Rechnen noch geglänzt hatte, wurde es im Gymnasium in Mathematik komplizierter. Dazu hatte ich einen Mathematiklehrer, der autoritär und angstmachend unterrichtete. Einmal holte er mich an die Tafel und stellte mir eine Aufgabe, die ich nicht richtig lösen konnte. Er wurde wütend und sagte zu mir vor der gesamten Klasse: »Biesinger, du bist dumm!«

Zwei Jahre später – inzwischen im Bischöflichen Internat in Rottweil am Neckar – hatte ich einen besseren Mathematiklehrer. Auch er holte mich an die Tafel und ließ mich eine Aufgabe rechnen. Als er merkte, dass ich nicht gleich dahinterkam, sagte er: »Schau her, das kann doch nicht sein, geh nochmal zurück.« Tatsächlich konnte ich die Aufgabe dann lösen.

Es wird einem nichts erspart, wenn man auf die Welt kommt. Die einen kommen durch die Schule ohne große Anstrengung, andere müssen sich durchkämpfen, andere scheitern. Ich hatte das große Glück, in diesem – heute würde man sagen: – »Eliteinternat« Unterstützung und einen förderlichen Bildungsraum bekommen zu haben. Die Leiter waren zugewandt und aufbauend. Dafür bin ich der Kirche, die derzeit zum Teil ja zu Recht in der Kritik steht, bis heute dankbar.

Bin ich auf die Welt gekommen, obwohl ich doch wieder sterben muss …

… um zu sterben?

Ob es mit mir weitergeht und ob ich das, was an mir geistig ist, mitnehmen kann über den Tod hinaus – wenn diese Existenzmöglichkeit, die ich derzeit in und mit meinem Körper habe, zerfällt? Ich bin mehr als mein Körper, aber ich werde dann nicht mehr in diesem Körper fühlen, denken, existieren. Existiere ich geistig weiter, obwohl ich nicht (mehr) an Materie gebunden bin? Davon gehe ich aus. Gunther Klosinski beschreibt es so:

LETZTEN ENDES
Letzten Endes
Bleibt die Hoffnung
Dass Alles aufhört
Zu enden
Am Ende
Um neu
Zu beginnen
Da capo al fine

STERBEN
Spüren
Wie Endlichkeit abtropft

Ich lasse meinen Körper zurück. Ich will nach vorn weitergehen. »Noch einen Millimeter, dann sehe ich Gott« – mein malträtierter Körper spielte keine Rolle mehr. Die Endlichkeit kann abtropfen, wenn das Neue beginnt.

DURCH NEUBEGINN ZU ENDE KOMMEN
Wer glaubt
Endet selig
Wer zweifelt
Fängt von vorne an
(Gunther Klosinski)

Gerade wer zweifelt und damit von vorne anfängt, kann dabei selig werden. Weil er immer tiefer Neues erlebt und beginnt. Und dennoch ist es ein tröstliches Gefühl, sich Gott anzuvertrauen, sich an Gott anzuschmiegen, gerade auch dann, wenn der Zweifel unser Herz anbohrt.[15]

Bin ich auf die Welt gekommen, obwohl ich doch wieder sterben muss ...

... um statt ins Fegefeuer durch den Prozess der Reinigung zu gehen?

Gerade in den letzten Lebensjahren entsteht für viele Menschen »Purgatorium«. Purgare (lateinisch) heißt reinigen. Purgatorium wurde fälschlicherweise mit »Fegefeuer« übersetzt. Fegefeuer stellen sich manche als Ort vor, an dem ein Feuer ist. Dies ist grundfalsch. Es geht vielmehr um einen Bewusstseinszustand der Reinigung.

Ich kenne viele Menschen, die derzeit in einem solchen Zustand sind. »Warum habe ich mich damals nur von meiner Frau getrennt?« »Warum war ich so unversöhnlich mit meinem Sohn, dass er sich für immer von uns abgewendet hat?«

Jeder Mensch geht durch diesen Prozess der Reinigung. Und das kann sehr schmerzlich sein.

Bin ich auf die Welt gekommen, obwohl ich doch wieder sterben muss …

… um »er-löst« zu werden?

Musste Jesus von Nazaret, der »Gottessohn«, als unschuldiges Opfer ermordet am Kreuz sterben, um die Gebirge an Schuld, die die Menschheitsgeschichte aufgetürmt hat, auf-lösen und uns Menschen er-lösen zu können? Er-Lösung aus den Sackgassen der Schuld, schrecklicher Schuld.
Er-Lösung aus dem unwiderruflichen Bereich der Sterblichkeit ist die große Verheißung des Christentums. Das ist der Kern der Botschaft. Dabei geht es um alles – tatsächlich um alles. Es geht um Leben – Überleben – neues Leben.

Es geht um mehr als Ethik und Humanismus – denn davon wird der Tod nicht überwunden.

Der Glaube an die Auferweckung ist im Christentum die große Verheißung, elementar wichtig. Aber nicht erst in der Stunde des Todes. Viel Leid auf dieser Welt würde nicht geschehen, wenn wir Menschen uns an die großen Verheißungen, die Jesus uns hinterlassen hat, halten würden:

»Ich war hungrig und ihr habt mir zu essen gegeben; ich war durstig und ihr habt mir zu trinken gegeben; ich war fremd und ihr habt mich aufgenommen; ich war nackt und ihr habt mir Kleidung gegeben; ich war krank und ihr habt mich besucht; ich war im Gefängnis und ihr seid zu mir gekommen.« (Matthäusevangelium 25,35 f.)

Im Klartext: Ihr verbindet euch in eurer Solidarität mit den Armen, mit den Hungernden, mit den Kranken direkt mit mir – und seid so im Be-Reich Gottes, nicht im Be-Reich des Bösen.[16]

Bin ich auf die Welt gekommen, obwohl ich doch wieder sterben muss …

… um immer wieder Särgen und Urnen auf dem letzten Weg hinterherzugehen?

Wie oft habe ich dabei gedacht: Das ist die Stunde der Wahrheit – entweder Gott rettet oder niemand rettet. Die Verstorbenen waren mal materiell arm, mal reich. Vor Kurzem war es ein 75-jähriger Mann, der kinderlos geblieben war, der sein Vermögen in Millionenhöhe für Mikrokredite der Oscar-Romero-Stiftung und für *Misereor* gespendet hat. Über sein Leben hinaus wollte er Menschen helfen …

Tote zu beerdigen ist eine sinnvolle Tätigkeit. In der Tradition des Christentums gehört sie zu den sieben Werken der Barmherzigkeit.

Die sieben Werke der Barmherzigkeit

Hungernde speisen
Dürstenden zu trinken geben
Nackte bekleiden
Fremde aufnehmen
Kranke besuchen
Gefangene besuchen
Tote begraben

Wir wissen, dass ein toter Körper schon nach kurzer Zeit Verwesungsprozessen ausgesetzt ist. Umso mehr ist es wichtig, das, was *materiell* von Menschen übrig bleibt, zu »versorgen«, Sorge zu tragen, dass es würdevoll der Erde zurückgegeben und nicht einfach nur »ent-sorgt« wird.

Bin ich auf die Welt gekommen, obwohl ich doch wieder sterben muss …

… um in meiner Kirche durch Dialog und entschiedene Kritik meinen Beitrag dafür zu leisten, dass sie ihre Aufgabe besser erfüllen kann?

Dabei habe ich erfreuliche, aber auch einige schräge Grenzerfahrungen gemacht. Der frühere Bischof von Essen, Franz Hengsbach, wollte mir – damals 33-jährig – die Lehrerlaubnis für meine von der Universität zugesagte erste Professur in Bochum verweigern. Wenn der damalige Freiburger Theologieprofessor Karl Lehmann nicht ernsthaft Einspruch gegen die Ablehnung erhoben hätte, wäre ich nie Professor für Religionspädagogik geworden. Bischof Hengsbach hatte sich meiner Ansicht nach dafür gerächt, dass ich seinen religionspädagogisch inkompetenten Katechismus für Jugendliche öffentlich kritisiert hatte.

Einmal wurde ich im Vatikan angezeigt, weil ich ein von der österreichischen Bischofskonferenz bereits genehmigtes (!) Religionsbuch mit Priestern in Litauen inkulturiert weiterentwickelt habe. Einige dieser Priester waren zuvor über Jahre Häftlinge in sowjetischen Straflagern gewesen. Ein junger Jesuit war dabei – er wurde später Kardinal von Kaunas. Er hat im Gulag in seinem Brillenetui manchmal mit einem Stück Brot und einigen Tropfen »Wein«, die er aus Rosinen gepresst hatte, Eucharistie gefeiert ... Solche beindruckenden Menschen wurden mit ihrem und unserem Glaubensbuch, das in den österreichischen Schulen bereits zugelassen war, von einer Gruppe um die Bischöfe Kurt Krenn und Georg Eder in Rom angezeigt. Die Litauer durften ihr Buch nicht drucken. Ein Jahr lang ging es hin und her. Ich hatte in der Zwischenzeit in Rom mit dem damaligen Präfekten der Glaubenskongregation, Joseph Kardinal Ratzinger, deutlich diskutiert. Er hat dann ein Jahr später den Druck des Buches freigegeben. In diesem verlorenen Jahr aber hatten in Litauen freikirchliche Gruppierungen die Jugendlichen in Stadien geholt. Die ursprünglich aus katholischen Familien stammenden jungen Leute wurden ihrer Kirche entfremdet, weil es aufgrund dieser Anzeige im Vatikan ja keine katechetischen Materialien gab.

Hallo Kirche, was richtest du an?

Ich habe in Rom eine dicke Akte – ein verlässlicher Insider hat es mir »verraten« –, weil ich laufend angezeigt wurde, wenn ich im Blick auf religiöse Bildung, Kirchenkonflikte, Sexualethik u. a. mit innovativen Inhalten Vorträge gehalten oder in den verschiedensten Medien kommuniziert habe.

Inzwischen finde ich es gut, in Rom eine dicke Akte mit Anzeigen gegen mich zu haben. Wer als katholischer Theologieprofessor im Vatikan keine Akte gegen sich hat, ist eigentlich ein »Versager«, weil er nie selbstständig über den üblichen vatikanischen Horizont hinaus gedacht und argumentiert hat.

Bin ich auf die Welt gekommen, obwohl ich doch wieder sterben muss …

… um Menschen in ihrer religiösen Bildung zu begleiten?

Am Anfang habe ich Grundschüler:innen begleitet – es waren meine ersten Gehversuche und ich musste mein theologisches und pädagogisches Universitätswissen neu denken. Später habe ich Schüler:innen fast aller Schularten begleitet – beispielsweise in der Friseur- und Metzgerausbildung. Schülerinnen, die später als Verkäuferin in einer Fleischerei arbeiten, oder Schüler, die später zum Teil als »Kopf-Metzger« danach bezahlt werden, wie viele Schweine sie am Tag schlachten, bei ihren

Fragen nach dem Umgang mit Tieren, mit Ernährung, aber auch mit ihrer eigenen persönlichen Gottesvorstellung zu begleiten, war ein besonderer Einschnitt in meinem Leben. Ich habe immer wieder bewusst provokativ von diesen Erfahrungen auch in den verschiedenen Gremien der Universität Tübingen berichtet. Nicht zuletzt, um deutlich zu machen, dass auch Menschen weitab von Latein, Griechisch und Hebräisch der kompetenten religiösen Begleitung und Entwicklung bedürfen.

Bin ich auf die Welt gekommen, obwohl ich doch wieder sterben muss …

… um einen Kongress mitzugestalten, der für die Weihe von Frauen zu Diakoninnen eintritt?

Viele Menschen – gerade auch sehr, sehr viele Frauen – sind Diakon:innen von innen heraus, vielleicht mehr Diakon als ich. Umso unverständlicher ist es für mich seit Jahrzehnten, dass man diesen Frauen nicht die Hände auflegt und sie zu Diakoninnen weiht. Ich nenne eine Spiritualität, die Frauen von der Würde des Priesteramtes und des Diakonenamtes ausgrenzt, schräg und irrig. Da ist endlich spirituelle Umkehr angesagt.

Auch wenn Papst Johannes Paul II. dies für immer – übergriffigerweise auch für spätere Päpste nach ihm – so festlegen wollte: Die Tatsache, dass es über Jahrhunderte keine Diakoninnen und Priesterinnen gab, ist kein Argument dagegen, sich nicht endlich auch spirituell dazu zu bekehren. Frauen wird bei der Taufe dieselbe Würde der Gotteskindschaft zugesprochen wie Männern. Es ist unlogisch, sie von der Würde der Ordination, also von der Möglichkeit, alle Sakramente zu empfangen, auszuschließen. Die dauernd wiederholten Argumente, Frauen die Leitung von Eucharistiefeiern zu verweigern, weil es immer schon so war, überzeugen mich nicht.

Jesus hat dies historisch so *nicht* vorherbestimmt. Er hat auch Jüngerinnen gehabt. Zur Zeit Jesu war es für Frauen gar nicht erstrebenswert, diese im damaligen Judentum so festgelegte Männerrolle zu übernehmen. Auch im zeitgenössischen Judentum ist es erst in den letzten Jahrzehnten dazu gekommen, dass Frauen auch Rabbinerin werden können. Die evangelische Kirche hat 1943 zum ersten Mal Frauen ordiniert. Kirchengeschichtlich gedacht auch spät, aber immerhin.[17]

Änderungen in der Lehre der Kirche sind möglich und üblich. Die katholische Kirche hat beispielsweise bei ihren Positionierungen zur Todesstrafe, zur Religionsfreiheit und vor allem zum Judentum Selbstbekehrung erreicht und ihre Lehre komplett geändert. Wenn ich höre, dass die Lehre der Kirche unveränderlich sei, dann frage ich mich, wer da theologisch kompetent denkt, aber auch, was die eigentlichen Gründe dieser Dialogverweigerung sein mögen.

Bin ich auf die Welt gekommen, obwohl ich doch wieder sterben muss ...

... um mit Gott unterwegs zu sein?

Es ist anstrengend, die eigene Existenz und die der Menschheit und des ganzen Universums »im Horizont Gott« zu denken. Es geht angesichts von Sterben und Tod auch ohne Gott – zumindest für viele: Tot ist tot. Vielen reicht die Hoffnung, möglichst spät und »gesund zu sterben«. Was danach kommt, ist ihnen egal.

Die Frage »Warum komme ich überhaupt auf die Welt, wenn ich eh wieder sterben muss?« ist im Horizont einer wie auch immer verstandenen Gottesbeziehung präziser und weitreichender zu beantworten als durch die Option »Festplatte gelöscht«.

Dass ich Gott als einen Beziehung stiftenden Gott verstehen kann und darf, habe ich ja nicht selbst erfunden. Ich verlasse mich auf Zusagen und Verheißungen, die Jesus von Nazaret uns Menschen hinterlassen hat, und ich vertraue den ersten Zeuginnen seiner Auferweckung. Von diesen her argumentiere ich. Es wäre für mich schwierig, über Gott zu reden, wenn ich mich nicht auf Jesus und seinen im Judentum verwurzelten Glauben berufen könnte. Auch auf Jesu Gleichniserzählungen und Streitgespräche, seine Konfliktlösungen und seine entschiedene Solidarität mit der Frau, die sie steinigen wollten.

Auch seine Verkündigung »fällt nicht vom Himmel«. Jesus kannte ja selbst bereits Psalm 22: »Mein Gott, mein Gott, warum hast du mich verlassen? ...«

ebenso wie Psalm 23: »Der Herr ist mein Hirte, nichts wird mir fehlen …« Beide Psalmen sind für mich bedeutsam geworden.

Bin ich auf die Welt gekommen, obwohl ich doch wieder sterben muss …

… um mit Gott zu »ringen« und manches mit ihm zu »klären«?

Ich hoffe, dass ich nach meinem Tod, wenn ich anders mit Gott kommunizieren kann oder wenn ich vielleicht auch schon mehr weiß als heute, viele Fragen mit ihm »klären« kann. Dann denke ich manchmal, vielleicht ist es arrogant, alle Geheimnisse enträtseln zu wollen. Oder aber: Ich muss dann gar nicht mehr fragen, weil dann alles »klar« ist und es keiner weiteren Klärungen mehr bedarf. Es könnte sein, dass ich dann auf geistigen Schwingungsebenen mit Gottes Geist schon so viel mehr weiß, dass ich vielleicht gar nicht mehr wissen will. Oder aber dass so viel Akzeptanz in mir ist, dass ich gar nicht mehr weiterfragen will, weil ich tief geborgen, umhüllt und in der Liebesenergie Gottes aufgehend existieren kann. Meine jetzigen Bedürfnisse werden an ihr Ende kommen, möglicherweise auch mein Fragebedürfnis.

Bin ich auf die Welt gekommen, obwohl ich doch wieder sterben muss …

… um, wie auch immer, zu lieben?

Es ist offensichtlich so, dass wir die Erfahrung machen sollen, geliebt zu sein, Engel am Wege zu haben, die uns begleiten und schützen. Aber auch lieben, um selbst Engel am Wege zu sein für viele Menschen, die unseren Weg kreuzen und denen wir beistehen können.

Es fallen mir Situationen ein, die ich in der Rückschau falsch eingeschätzt habe. Wo ich Menschen misstraut habe, etwa, dass sie mich finanziell ausnehmen wollten, dass ihre Geschichten erfunden seien und sie ganz einfach »nur« Teil einer »Bettlermafia« oder Menschen mit verlogenen Angaben wären. Geblieben ist: Hätte ich ihnen doch helfen sollen?

Manchmal denke ich, wenn ich den beiden jungen Migrantinnen, die mich mit widersprüchlichen Angaben um Hilfe gebeten haben, noch einmal begegnen würde, sollte ich möglicherweise tiefgründiger nachbohren, Gegenchecks machen und mit anderen zusammen vielleicht doch einen unterstützenden Weg finden? Habe ich meiner eigenen Einschätzung zu früh getraut und ihnen deshalb misstraut?

Bin ich auf die Welt gekommen, obwohl ich doch wieder sterben muss …

… um Gott ein Gegenüber zu werden in Raum und Zeit, auf dieser konkreten Erde als Heimat im Weltall?

Dass ich mit Namen angesprochen wurde und ich irgendwann Mama und Papa sagen lernen konnte, verdanke ich meinen Eltern, die mich ins Leben geholt haben. Aber wem verdanken meine Eltern und ihre Eltern und deren Eltern und deren Eltern ihr Leben auf diesem Heimatplaneten Erde? Immer weiter zurückgedacht, komme ich an die Grenze von Raum und Zeit. Auch wenn ich versuche, mit den Naturwissenschaften weiterzudenken bis zurück an einen wie auch immer vorstellbaren »Urknall« – wer ist die Bedingung der Möglichkeit, dass es einen Urknall geben konnte?

Dieses Rätsel hat noch keiner gelöst. Und es ist wissenschaftlich auch nicht lösbar. Es steht 50 zu 50 angesichts der Frage, ob *Gott* oder *nicht Gott* die Bedingung der Möglichkeit des Urknalls und damit der explosionsartigen Entstehung des Universums war. Allein dass ich in der Vergangenheit spreche, ist schon grenzwertig. Gab es vor dem Urknall überhaupt Raum und Zeit und damit eine Vergangenheit oder Gegenwart oder Zukunft?

Wir werden durch die Erforschung des Universums möglicherweise Schritt für Schritt mehr wissen. Vieles wird ein Geheimnis bleiben. Dass die Bedingungen auf dieser Erde sich dramatisch verändern, weil in einigen

Milliarden Jahren die Sonne sich so verändert, dass es ein Leben auf der Erde gar nicht mehr geben kann, wollen manche nicht zu Ende denken.

Bin ich auf die Welt gekommen, obwohl ich doch wieder sterben muss …

… um gemeinsam mit anderen die Stiftung »Gottesbeziehung in Familien« zu gründen?

Auf dem Weg nach Santiago de Compostela haben meine Familie und ich an der achteckigen romanischen Kirche Santa María de Eunate aus dem 12. Jahrhundert übernachtet. Sie liegt im Irgendwo einer flachen Landschaft im Umfeld von Pamplona auf dem Weg nach Puente la Reina und gilt als einer der spirituellen Höhepunkte des Jakobweges.

Am frühen Morgen ging ich meditierend um diese Kirche herum und mir kam folgender Gedanke: Nicht nur wissenschaftlich forschen und darüber reden, sondern etwas praktisch verändern. Eine Stiftung gründen, die dazu beiträgt, dass junge Eltern ihre Kinder (wieder) in eine Gottesbeziehung hinein begleiten können.

Moralisieren kann jeder – nach dem Motto: Bei der Taufe haben Sie als Eltern doch versprochen, ihr Kind religiös zu erziehen. Wichtiger ist es, zu überlegen, *wie* denn eine solche religiöse Begleitung gehen soll. *Das* ist ja die Herausforderung.

Ich habe diese »Eingebung« von Eunate kurze Zeit danach umzusetzen versucht: Gemeinsam mit dem evangelischen Religionspädagogen Friedrich Schweitzer, der Bildungswissenschaftlerin Helga Kohler-Spiegel, dem Pastoralreferenten Herbert Bendel und dem damaligen Doktoranden – und heutigem Religionspädagogikprofessor – Ralf Gaus habe ich die *Stiftung »Gottesbeziehung in Familien«* gegründet.

Diese Gründung hat sich bewährt. Die Anliegen, die die Stiftung vertritt, sind seit 2002 eher noch größer geworden. Es ist damit auch thematisch ein Zeichen in der Gesellschaft gesetzt:

Kinder nicht um Gott betrügen!
Kinder haben ein Recht auf Religion.
Lasst Kinder nicht religiös im Regen stehen, gerade jetzt, wo sich die Gesellschaft immer mehr zu einer multireligiösen Gesellschaft weiterentwickelt. Religiöse Bildung wird immer mehr auch zu interreligiöser Bildung.

Wenn Sie dies lesen, werden Sie vielleicht zu Recht sagen: Schon gut, aber ich kann ja keine Stiftung gründen. Darum geht es auch nicht. Es geht auch nicht darum, wie gut ich war, auf diese Idee zu kommen. Ganz abgesehen davon, dass es eine »Eingebung« war, die nicht einfach von mir produziert wurde. *Aber: Sie können in Ihrer Familie, in Ihrem Umfeld genauer hinschauen, ob und wie Kinder religiös begleitet werden oder ob sie gar nicht begleitet werden und woran dies liegt.* Oft liegt es nur daran, dass Eltern nicht wissen, wie es gehen soll.

Wenn Sie mit mir Kontakt aufnehmen wollen:
albert.biesinger@uni-tuebingen.de

Manche Anliegen finden Sie auf der Homepage der *Stiftung »Gottesbeziehung in Familien«* behandelt. Sie finden dort viele Anregungen für die religiöse Bildung in verschiedensten Situationen – auch ein multimediales Filmprojekt für religiöse und interreligiöse Bildung in der Kita. www.stigofam.de; eMail: info@stigofam.de

Bin ich auf die Welt gekommen, obwohl ich doch wieder sterben muss …

… um auch theologisch tiefgründiger zu bohren?

Ich bin bisher unserer Preisfrage nachgegangen im Rückblick auf viele Situationen, die ich als Gast auf dieser Erde erlebt habe. Es gibt aber auch eine »Logik« bei der Beantwortung dieser Frage. Diese Logik wird für mich als Theologen dabei zu einer »Theo-Logik«, wenn ich wirklich an die Grenze meiner Möglichkeiten denke. Theo-logie (wörtlich: die Rede von Gott) ist der weiteste Horizont, um diese Preisfrage unseres Lebens zu denken.

Eine frühe Antwort aus meiner Kindheit: Das Vorwort des Katholischen Katechismus der Bistümer Deutschlands von 1955, der wesentliche Grundlage meines damaligen Religionsunterrichtes war, mahnte: »Der Katechismus ist ein überaus wichtiges Buch; denn er zeigt euch den Weg zu Gott, eurem himmlischen Vater.«[18]

Auf die Frage »Wozu sind wir auf Erden?« musste ich als Antwort aus diesem Katechismus den ersten Merksatz aufsagen: »Wir sind auf Erden, um Gott zu erkennen, ihn zu lieben, ihm zu dienen und einst ewig bei ihm zu leben.«

Es hat geklappt und ich bekam mein erstes »sehr gut« im Fach Religionslehre im Zeugnis des ersten Schuljahres im Gymnasium. Der Satz war ja gar nicht grundlegend falsch, aber so was von abgehoben von der Alltagssituation eines Kindes und seinen Herausforderungen. Dieser Merksatz ist mir immer wieder »hochgekommen«, wenn ich in mein Leben hineingehört habe.

Im Rückblick erschließen sich mir heute spannende und überraschende Antworten auf die Frage unseres Sohnes Benjamin. Es tauchen Bilder auf von Menschen, die für mich »Engel am Wege« waren und sind. Es tauchen Bilder auf von der ersten und bleibenden großen Liebe meines Lebens, Bilder, wie ich mit ihr im Kreißsaal bei der Geburt zum ersten Mal den Schrei unserer Kinder gehört und in ihr Gesicht gesehen habe – rührende, berührende Situationen, Wunder in meinem Leben. *Antworten auf die große Preisfrage.*

Aber noch mehr: Im Rückblick scheinen unzählige Menschen auf, denen ich begegnet bin, für die ich Vorlesungen und Vorträge gehalten und mit denen ich oft heiß diskutiert habe. Menschen, die ich in Gottesdiensten erlebt und für die und mit denen ich als Diakon gepredigt habe. Die vielen Kinder – vereinzelt auch Jugendliche und Erwachsene –, die ich getauft habe und denen ich zusagen konnte: Ihr gehört zu Gott für immer und über den Tod hinaus.

Wir sind nicht nur genetische Zufallstreffer unserer Eltern. Der Schöpfer der Welt, der die Bedingung der Möglichkeit unseres Lebens in der Evolution ist, in der wir unterwegs sind, wohnt in uns. Gott hat uns etwas von seiner Kraft, von seinem Licht mitgegeben. Wenn das nicht stimmen würde, wäre Er nicht der Schöpfer unseres Lebens. Wenn es wirklich stimmt, dass Gott unser Schöpfer ist, dann haben wir einen göttlichen Funken in uns. Dann hat Er uns etwas von sich selbst mit in dieses Leben in dieser materiellen Welt mit all ihren Gefährdungen, Leidsituationen und Zusammenbrüchen, aber auch mit ihren Ekstasen und Visionen mitgegeben. Dann sind wir nicht einfach hineingeworfen ins Universum. Wir sind in ihm als sein Ebenbild (vgl. Genesis 1,27).

Diese Durchlässigkeit zu unserer ursprünglichen Herkunft können wir uns vergegenwärtigen. Dann kann es eine tiefe spirituelle Erfahrung sein, nicht von Gott abgespalten, getrennt und alleingelassen durch dieses Leben gehen zu müssen über lange oder kurze Jahre.

»Warum kommen wir überhaupt auf die Welt, wenn wir doch wieder sterben müssen?« Es geht um die Frage, ob diese materielle Welt durchlässig ist hin zu einer spirituell-geistigen Welt. Ob wir im Sichtbaren möglicherweise schon auch Anklänge des Unsichtbaren wahrnehmen können.

Und es kommt die Frage auf, ob dieses Universum, in dem wir jetzt sind, das einzige Universum ist.

Aber es geht nicht nur um das; es geht auch um die Interpretation unserer Existenz: Entweder sind wir von

Gott unabhängige, abgekoppelte Existenzen oder wir leben im Bund mit Gott und mit den Menschen seiner Schöpfung. Wenn nämlich Gott mit uns Menschen einen Bund geschlossen hat, dann sind wir bereits mit Gott. Es gibt für uns die große Vision der »In-Existenz« in Gott.

Es gibt einen Spirit, der mich antreibt, aus dem ich lebe und aus dem heraus ich mit anderen Menschen kommuniziere:

Heiliger Geist, zünde mir ein Licht an![19]

Bin ich auf die Welt gekommen, obwohl ich doch wieder sterben muss ...

... um mich beschenken zu lassen?

Alles ist Gnade – das Leben an sich ist schon das große Geschenk. Ist es deswegen vielleicht gar nicht nötig, diese Frage zu stellen? Ist es möglicherweise vermessen, dieses Geheimnis lüften zu wollen? Wäre es besser, dem Geheimnis das Geheimnis zu lassen?

Manchmal war ich versucht, mit dem Schreiben an diesem Buch aufzuhören, weil ich es für vermessen hielt, auf die Frage nach dem Sinn meines Daseins Antworten in Textform finden zu wollen. Und ich habe hin und her überlegt, ob es überhaupt »erlaubt« ist, meine doch sehr persönlichen Begegnungen, Lebenssituationen, Gefühle und existentiellen Grenzerfahrungen so öffentlich zu machen.

Was mich schließlich bewogen hat: Sich solchen Fragen öffentlich zu stellen, kann dazu anregen, dass sich auch Leser:innen mit ihrem eigenen Leben auseinandersetzen. Dann hat sich dieses Buch auf jeden Fall gelohnt.

Bin ich auf die Welt gekommen, obwohl ich doch wieder sterben muss …

… um mit Erstkommunionkindern zu erleben, wie sie aufmerksam das eucharistische Brot in ihrer Hand anschauen, bevor sie es zum ersten Mal essen?
… um Paare in der Hochzeitsliturgie bei ihrem großen Ja zueinander zu begleiten?
… um Liebe, Zuneigung, Körperberührung, erotische Begegnungen und Gefühle erleben zu können, die ich nicht hätte erleben können, wenn meine Eltern mich abgetrieben hätten?
… um Menschen nach ihrem Tod einen letzten Dienst zu tun, sie zu segnen, für sie zu beten und ihren Angehörigen auf dem Weg zum Grab Trost und Hoffnung zu geben?
… um der in der Nacht verstorbenen Frau gemeinsam mit ihrem geschockten Mann auf die bereits kalte Stirn ein Kreuzzeichen zu machen?
… um der über 90-jährigen Frau regelmäßig die Kommunion zu bringen?
… um regelmäßig mit meinem Fahrrad durch die Rheinauen zu fahren und den Duft der Wiesen und Wälder einzuatmen?
… um mit meiner Frau regelmäßig zum »Friedenskreuz« in Bühl/Baden zu gehen, kurz innezuhalten und für mehr Frieden in der Welt zu beten?

Stimmen der nächsten Generationen

Aus den Dialogen mit und zwischen den Enkel:innen

Loïc, 6 Jahre:

»Es stimmt, das macht ja gar keinen Sinn, wenn man auf die Welt kommt und eh wieder sterben muss.
Ich finde, es ist ein Glück, überhaupt auf die Erde gehen zu dürfen und jetzt hier mit meinen Geschwistern Fußball zu spielen. Wer Fußball spielen will, muss auf die Welt kommen. Man könnte seinen Freund im Kindergarten nicht treffen, wenn man nicht auf die Welt gekommen wäre, dann wäre das wirklich nicht zu schaffen.«

Noah, 12 Jahre:

»Ich bin auf die Welt gekommen, um Spaß zu haben und damit ich Sachen verändern kann. Auch um mit anderen Leuten zu leben, mich im Fußball zu beweisen und mich weiterzuentwickeln. Um der Welt aufzuzeigen, was ich kann.
Meine Eltern wertzuschätzen und ihnen dankbar zu sein, dass sie mich in diese Welt gebracht haben.
Um meinen Kater aufzunehmen und ihm ein gutes Leben zu ermöglichen.

Um in der Schule zu lernen, wie man mit Zahlen auf dieser Welt umgeht und wie man miteinander umgeht.
Um Leute kennenzulernen und in den verschiedenen Fächern neue Sachen zu lernen, die ich bisher nicht gekannt habe.
Um von Tag zu Tag immer mehr Wissen zu bekommen, die Welt besser zu verstehen.
Um Gottes Liebe wertzuschätzen.
Um auch andere Länder zu verstehen, zum Beispiel Frankreich – wo ich Großeltern habe –, und andere Kulturen kennenzulernen, warum sie sich so und nicht anders verhalten.
Um mit meinem Bruder zu spielen und mit meiner Schwester zu diskutieren. Meine Geschwister bereichern mich.
Um mich auch in meiner Großfamilie wohlzufühlen und sie besser kennenzulernen.
Um Flüchtlingskinder wie unsere Nachbarsjungen als Freunde zu haben und armen Leuten zu helfen, die es nicht leicht haben – ihnen auch Wertschätzung zu zeigen.
Um in zwei verschiedenen Kulturen beheimatet zu sein – in Deutschland und Frankreich. Ja manchmal bin ich unentschieden zwischen beiden Kulturen, aber ich kann sie gut miteinander verbinden.«

Jonas, 13 Jahre:

»Man kommt auf die Welt, um selber geliebt zu werden und Liebe zu schenken.

Um Gedanken haben zu können und über die Welt zu reflektieren.

Damit man etwas erreichen kann.

Um die Welt ein kleines bisschen besser zu machen. Den meisten Menschen gelingt das. Aber es gibt manche Menschen, die die Welt schlechter hinterlassen, als sie vorher war. Sie hinterlassen eine Blutspur von Kriegen und Unterdrückung oder quälen Tiere.

Mittlerweile ist es für viele Menschen wichtig, ein bequemes Leben zu haben, und sie müssen kaum etwas dazu beitragen: mit dem Auto fahren oder mit dem Flugzeug reisen und Lebensmittel im Einkaufscenter kaufen, ohne selbst etwas anbauen zu müssen. Bei Tieren und Pflanzen ist das anders. Bei den Tieren geht es um ihr Überleben: Sie kämpfen, um nicht gefressen zu werden. Fressen oder gefressen werden ist die Alternative.

Mittlerweile verändert der Mensch die Tiere zu seinen Gunsten: Er züchtet Schweine nur deswegen, um sie essen zu können. Katzen und Hunde werden auch wegen ihrem schönen Aussehen und als Zeitvertreib für die Menschen gezüchtet.

Wir Menschen hinterlassen einen CO_2-Fußabdruck, der die Umwelt beschädigt. Leider gibt es derzeit immer noch zu wenige Menschen, die sich dagegen wehren und die Umwelt schützen. Ich sammle regelmäßig Müll, das ist mein winziger Beitrag für die Umwelt. Und dennoch stoße ich mit meiner Lebensweise immer noch viel CO_2 aus. Aber weniger als manche anderen Menschen, die mit einem SUV fahren, die Flugreisen machen und viel Fleisch essen. Ich bin deswegen Vegetarier.

Im Moment gibt es auf der Welt Massaker und ziemlich viel Hass. Wir müssen versuchen, die Probleme zu lösen. Wir können nur alle zusammen die Welt noch retten.

Um etwas zu kriegen, muss man auch etwas geben. Nehmen und Geben sind zwei Seiten derselben Medaille.

Man kommt auf die Erde, um anderen Menschen etwas Gutes zu tun.

Um zu danken. Wenn man etwas, bekommt zum Beispiel ein Geschenk oder ein Lächeln.

Man kommt auf die Welt, um herauszufinden, was man am besten für die Welt beitragen kann.«

Chiara, 14 Jahre:

»Ich finde es wichtig, dass wir trotzdem auf die Welt kommen, dass jeder Einzelne was verändern kann. Unser Leben ist auf keinen Fall unnötig, da alles einen gewissen Sinn und Zweck hat, auch wenn ich es nicht gleich sehe. Zum Beispiel kann ich das Leben meiner Freundinnen prägen und sie können mich freundschaftlich auch prägen.

Und ohne mich wären meine Eltern nicht so glücklich, wie sie es jetzt sind. Meine Mama hat mich geboren. Mein Papa hat mir auch das Leben geschenkt. Deswegen sind diese Menschen die besten, weil es mich sonst nicht geben würde. Deswegen bin ich in die Welt gekommen: dass ich überhaupt leben kann.

Wenn ich nicht auf die Erde gekommen wäre, dann hätte ich manches gar nicht erlebt – wie die Schönheit der Landschaft bei Urlauben, das Meer, aber auch die Herausforderungen in der Schule und die Vielfalt der Welt und die Vielfalt vieler Menschen.

Es ist richtig, dass einzelne Menschen viel verändern können. Greta Thunberg ist ja dafür ein sehr beeindruckendes Beispiel. Ich selber denke auch darüber nach, was ich verändern kann und was ich dieser Welt hinterlassen möchte, was ich dieser Welt schenken kann.

Manchmal bin ich am Hin- und Her-Zweifeln, ob es Gott gibt oder nicht gibt oder wie es ihn gibt.«

Lisa, 16 Jahre:

»Ich glaube, dass wir auf die Welt kommen, um herauszufinden, wer wir selber sind, und um unser Fühlen und Denken in die Welt einzubringen.

Um Erfahrungen zu sammeln und um sich mitzuteilen.

Um die Welt zu verändern.

Um vieles zu erleben, um Reisen zu machen und Neues wahrzunehmen.
Um Freunde und Freundinnen zu finden und in einer Familie zu sein.
Um anderen zu helfen, die Hilfe brauchen.
Um zu lieben und geliebt zu werden.
Um Neues zu erleben – zum Beispiel in die Ferien zu fahren oder mit meiner Katze zu spielen und diese liebzuhaben.
Um auch anderen zu helfen, denen es nicht so gut geht.
Um zu träumen und den Gedanken freien Lauf zu lassen.
Damit man keine Angst mehr vor dem Tod hat.
Damit man keine Angst hat, sich selbst zu verändern und auch andere verändern zu wollen.
Damit man nach Streit wieder zueinanderfindet.
Nicht, um die Umwelt zu beschädigen, sondern um für die Umwelt etwas Positives zu hinterlassen.
Um Sachen zu erforschen und neu zu bedenken.
Damit wir die Sicht auf Alltägliches verändern und mehr Sinn dahinter sehen.
Im Universum sind noch viele Sachen völlig unerforscht, zum Beispiel schwarze Löcher. Man kann sie nur schwer erklären. Es gibt im Universum viele Aspekte, über die man überhaupt nichts weiß. Ich bin ja nur eine von ganz vielen Menschen im Universum. Dennoch kann ein einzelner Mensch für das Universum wichtig sein – obwohl er das Universum nicht grundsätzlich verändern kann.

Um Farben und Formen wahrzunehmen.
Um sich auch in andere Menschen hineinversetzen zu können.
Um zu lernen, dass man etwas dazu beitragen muss, damit Wünsche in Erfüllung gehen können.
Vielleicht auch, um mal richtig verrückt zu spielen und wilde Sachen zu machen. Um Abenteuer zu erleben, aber auch manchmal einfach seine Ruhe zu haben und zu entspannen.
Um in einer Phantasiewelt zu versinken und sich Geschichten auszudenken.
Um Sachen zu sehen, die man ja nie sehen würde, wenn man nicht auf die Welt gekommen wäre.
Um zu lernen, an Gott zu glauben. Vieles ist nicht erklärbar und sehr geheimnisvoll.«

Albert Biesinger, 74 Jahre:

Stimmt. Gott ist das tiefste Geheimnis hinter allem, auch wenn wir dies mit unseren jetzigen Augen nicht sehen können.

Benjamins heutige Antwort

Benjamin ist inzwischen 44 Jahre alt und beantwortete seine damalige Frage kürzlich so:

> »Aus heutiger Sicht beantworte ich diese meine damalige Frage ethisch. Ich habe die Aufgabe, aus meinem Leben das Beste zu machen. Es bringt jeden Tag Situationen, in denen ich mich entscheiden muss, ob ich mich so oder so verhalte. Mit meinen Schwächen und Stärken bin ich verantwortlich für mein Handeln. Als junger Erwachsener hatte ich noch keine stabile Werteorientierung, sie hat sich über viele Jahre entwickelt.
>
> Inzwischen habe ich die Aufgabe, für meine Kinder da zu sein. Wenn ich nicht in die Welt gekommen wäre, würde es diese drei Kinder nicht geben. Ich präge sie, ebenso wie sie mich wesentlich prägen.
>
> Wichtig ist mir geworden, mich gegenüber der Natur, den Mitmenschen, den Kolleginnen und Kollegen verantwortungsbewusst zu verhalten und mich auch in Projekten konstruktiv zu engagieren. Immer mehr habe ich gelernt, dass das Leben von der Geburt bis zum Tod begrenzt ist, und dies stellt mich immer wieder vor die Frage: Wie gestalte ich Zeit am besten in der einen oder anderen Art sinnvoll?
>
> An meine damalige Frage musste ich denken bei späteren großen Erschütterungen, etwa wenn wir

unsere Kinder mit massiven Beschwerden in die Klinik bringen mussten oder der schlimmste Fall eintrat, dass Menschen in meiner Umgebung gestorben sind. Besonders schmerzlich habe ich im nahen Umfeld erlebt, dass Eltern ihre kleinen Kinder beerdigen mussten.

Ich war 13 Jahre alt, als ich die Frage gestellt habe. Heute habe ich 30 Jahre Lebenserfahrung mehr. Mein Verständnis ist gewachsen, dass das irdische Leben Erfahrungen von Glück und Scheitern bringt, die man nicht machen würde, wenn man gar nicht erst auf die Welt käme.

Biologisch bin ich das Ergebnis des Lebens aller meiner Vorfahren. Hätte sich bei denen eine einzige Beziehung nicht ergeben, wäre ich gar nicht in die Lage gekommen, meinem Vater damals diese Frage zu stellen.

Das Leben mit meinen Kinderaugen zu sehen, ist mir mit zunehmendem Alter verlorengegangen. Entscheidungen wurden von mir mit zunehmendem Alter immer rationaler getroffen.

Je älter ich werde, desto mehr habe ich den Eindruck, dass sich das Leben immer mehr beschleunigt.«

Zu guter Letzt

Der emeritierte Prior des Europaklosters Gut Aich, Pater Johannes Pausch, bringt es auf den Punkt. Bei einem Gespräch im November 2022 sagte er mir spontan und ungefiltert, sozusagen ›aus dem Stand‹:

> »Wir brauchen unsere körperlichen Erfahrungen, die Leidsituationen, die irdischen Erfahrungen, um eine Gotteserfahrung zu machen und in dieser Gotteserfahrung reifer zu werden. Gotteserfahrung im Himmel ist nicht lustig und vor allem nicht inspirierend.
> Gott hat sich das selber eingebrockt, er ist ja selber Mensch geworden. Uns Menschen bleibt nichts anderes übrig, als selbst auch Mensch zu werden in dieser konkreten Welt.
> Dieser Glaube ist nicht nur eine spirituelle Fiktion von geistiger Erfahrung, sondern eine handfeste irdische Erfahrung. Wenn das nicht so wäre, dann bräuchten wir nicht mit Menschen zusammenzuleben und dabei alle möglichen Schwierigkeiten durchzumachen. Wir brauchen diese irdischen Erfahrungen, denn sie sind Türen zur Ewigkeit. Glaube, Vertrauen, Hoffnung und Liebe ereignen sich nicht im luftleeren Raum. Dass wir mit beiden Beinen auf der Erde stehen, ist eine himmlische Chance; wir wüssten sonst gar nicht, wo es hingeht.

Wir brauchen nicht unbedingt dauernd auf dieser Welt zu bleiben. Das ist nicht unser Ziel. Unser Ziel ist unsere Heimat im Himmel. Die Startrampe dazu ist diese manchmal ›beschissene‹ Welt.

Gott will uns mit diesem irdischen Leben auch eine Freude machen. Selbst wenn wir unter diesen Erfahrungen leiden und uns heftig auseinandersetzen müssen. Glück und Leid gehören zu diesem Leben dazu. Da gibt es keine Wahl. Das irdische Leben, das Leben insgesamt ist keine ›gmahdte Wiesen (gemähte Wiese)‹. Das Leben ist kein Ponyhof, wie weitverbreitet auch gesprochen wird.

Und deshalb ist es gut, zu wissen, dass alles, was uns in diesem irdischen Leben begegnet, auch eine Chance für die Ewigkeit ist. Wenn wir dieses irdische Leben nicht hätten, könnten wir nicht erahnen, wie schön und erfüllend die Ewigkeit ist. Und deshalb ist es gut, geboren zu werden, zu leben und dann zu sterben.«

Anmerkungen

1 Gunther Klosinski / Albert Biesinger, Zweifel an Gott. Kleines agnostisches Kompendium, Freiburg im Breisgau 2017.
2 Zum Folgenden: vgl. »Zweifel an Gott«, 17.22–29.
3 Vgl. »Zweifel an Gott«, 119.
4 Vgl. »Zweifel an Gott«, 112 f.
5 Predigt »Gegangen – und weg?« in: Karl Rahner, Vom Unterwegssein, Pilgern und Ankommen für immer. Hrsg. von Andreas R. Batlogg und Peter Suchla, Ostfildern 2021, 37–53, hier 43.
6 Vgl. dazu Pim van Lommel, Endloses Bewusstsein. Neue medizinische Fakten zur Nahtoderfahrung, Ostfildern, 3. Aufl. 2022.
7 Vgl. »Zweifel an Gott«, 128.
8 Vgl. dazu: Albert Biesinger, Kritisches Forum. Eltern endlich mehr zutrauen, in: Theologische Quartalschrift, 194. Jahrgang (2014), 83–89, hier 85 f.
9 Vgl. »Zweifel an Gott«, 124.
10 Vgl. »Zweifel an Gott«, 110.
11 Vgl. »Zweifel an Gott«, 126 f.
12 Vgl. »Zweifel an Gott«, 111.
13 Freiburg im Breisgau 2021.
14 Vgl. »Zweifel an Gott«, 127 f.
15 Vgl. »Zweifel an Gott«, 108 f.
16 Vgl. »Zweifel an Gott«, 30 f.
17 Vgl. Peter Hünermann, Albert Biesinger, Marianne Heimbach-Steins, Anne Jansen, Diakonat. Ein Amt für Frauen in der Kirche – Ein frauengerechtes Amt? Ostfildern 1997.

18 Vorwort zitiert nach der Ausgabe für die Diözese Rottenburg-Stuttgart.

19 Vgl. Matthäus Appesbacher: Begeistert auch noch im Alter? Spirituelle Impulse, in: das prisma 34 1/2022, 59–64.

Erziehung ist vor allem Beziehung

Albert Biesinger / Julia Biesinger
Kindern Grundvertrauen und Orientierung geben
Ein Elternbegleiter durch den Erziehungsalltag

216 Seiten, 13 x 21,3 cm
Klappenbroschur
ISBN 978-3-8436-0775-9

Was können Eltern ihrem Kind mitgeben, um das Leben zu meistern, in dem früher oder später auch Stress, Leistungsdruck und Ängste auf einen zukommen? Grundlegend ist eine offene, wertschätzende und gesunde Eltern-Kind-Beziehung, aus der das Kind mit innerer Stärke ins Leben hinaustreten kann. Hier erschließen zwei erfahrene Pädagogen psychologisches, pädagogisches und spirituelles Grundwissen. Sie stärken und ermutigen die Eltern in ihrer Rolle als Erzieher mit Blick auf die Kinder und deren Bedürfnisse. Dabei zeigt sich: Es geht nicht um Perfektion, sondern um Liebe, um wechselseitigen Respekt und auch um Spiritualität: Kinder brauchen große Verheißungen und jemanden, der an sie glaubt.

PATMOS
www.verlagsgruppe-patmos.de

Erfahrungen von und für Familien

Albert Biesinger
Wo Kinder sind, ist Gott schon da
Überraschungen und Entdeckungen in der Familie

Mit Illustrationen von Beate Biesinger

128 Seiten, 13 x 21,3 cm
Klappenbroschur
durchgehend vierfarbig gestaltet
ISBN 978-3-8436-1265-4

Gott in der eigenen Familie im Alltag wahrzunehmen und willkommen zu heißen, wirkt sich positiv auf das Zusammenleben von Erwachsenen und Kindern aus. Albert Biesinger, Vater von vier Kindern und neunfacher Großvater, weiß, wovon er spricht. In diesem sympathischen, leicht lesbaren Buch gibt er seine Erfahrungen mit vielen Praxisbeispielen weiter. Er ermutigt dazu, die Begegnung mit den Kindern als Gottesberührung zu erleben. Dabei helfen einfühlsame Zuwendung, Rituale, Geschichten, Gespräche, gemeinsames Beten: füreinander Engel sein. So wird Religiosität in der Familie zur Bereicherung und zum Geschenk für Groß und Klein.

PATMOS
www.verlagsgruppe-patmos.de